ハッピースピリチュアル・メイクアップアドバイザー
舛岡はなゑ

ハッピーラッキー 開運つやメイクと魔法の習慣

PHP

特別寄稿

私の弟子の舛岡《ますおか》はなゑさんが、またまたステキな本を書いてくれました。本当に考えを変えるだけで、すぐ、幸せになれるんですね。

ちょっとしたコツを知るだけで、こんなにキレイになれるんですね。私も昔からこのことを言い続けていますが、本当に誰にでも簡単にわかるように伝えることはとても難しいことです。

さすがに、はなゑさん、師匠の私がビックリするようなすばらしいできばえです。

この本を読んだ方は、このすばらしい知識を一人じめにするのではなく、ぜひ、お友だちに、この本をプレゼントして教えてあげてください。

そして、仲間が幸せになり、やがては日本中の人が幸せになるように、みんなで愛を出し合っていきましょう。

斎藤《さいとう》一人《ひとり》

プロローグ

「はなゑちゃん、幸せになるのなんて、簡単なんだよ。顔につやを出せばいいんだ」

私が一人さんにこう言われたのは、今から二十年前のこと。

一人さんとは、ダイエットサプリメント「スリムドカン」などのヒット商品で知られる「銀座日本漢方研究所（現・銀座まるかん）」の創業者で、一九九三年から全国高額納税者番付の上位一〇位以内に唯一入り続けている斎藤一人さんです。

そのころ私は「十夢想家《トムソーヤ》」という小さな喫茶店を経営していて、一人さんは「十夢想家」の数少ない常連客だったのです。何しろ一人さんは、静かにゆっくり本が読める「暇な喫茶店」を探す名人。「十夢想家」は、そんな一人さんのお眼鏡にかなった喫茶店なのですから、私の先行きには、見事なまでに暗雲がたちこめていたのでした。

最初、私は一人さんがどんな仕事をしている方なのか知りませんでした。毎日やって来ては、決まった席に腰をおろし、静かに本を読んでいる紳士……。そのうち、会話を交わすようになりました。すると、この紳士はどんな質問にでも、即座に答えを出してくれるのです。

こんな質問をしたことがあります。

「一人さん、神様って、本当にいるのかなあ」

信仰を持っている人は別にして、ふつうだったら、こんなこと聞かれても困りますよね。でも、一人さんはちゃんと答えてくれるのです。

「いるよ。鏡を見てごらん。そこに映っているのが神様だよ」

え？　私は小さいころから鏡が大好き。自分の顔を見るのが大好きです。一日に何度も鏡を見ます。でも、いつもそこに映っているのは私だけ……のような気がします。けれど、よーく見たら、何か見えるのかもしれません。早速手鏡を出して見てみました。やっぱり私しか映っていません。角度を変えると、喫茶店の椅子《いす》やテーブルが映りこんで見えますが、これらが神様とは、どうしても思えません。隅から隅まで鏡を見たあげく、一人さんに言いました。

「一人さん、いくら見ても、鏡には私しか映っていないんですけど」

「だから、それが神様なんだよ。いいかい、はなゑちゃん。『かがみ』から『が』をとってごらん。『かみ』になるだろう。映っている人から『が』、つまり『我《が》』をとるんだ。それが神様なんだよ」

なるほど！　確かにそうです。自分のことなど考えず、人のことにばかり心を砕いている人は神様のような人でしょう。鏡は、自分の姿を見て、外見や内面に隠れている「我」をとるために使うものなのです。

一事が万事、こんな調子でした。一人さんに聞くと、目からウロコが落ちることばかり。だから、思い切って聞いてみたのです。

「一人さん、私、幸せになりたいの。どうしたら、幸せになれるかなあ」

その答えが、最初に書いたことなのです。でも、何のことだかよくわかりませんでした。だって、私は幸せになる方法を聞いたのに、「顔につや」です。こんなことで幸せになるんだったら、だれも苦労しません。そうしたら、一人さんは言いました。

「幸せになるために苦労なんかしちゃいけないよ。幸せというのは、がんばって、苦労して、やっと手に入れるものだと思っている人が多いけど、そうじゃない。幸せというのは、心が幸せに向かったと同時にやってくる。でも、心を変えるのはむずかしいよね。だから、顔につやを出すんだよ。だまされたと思って、やってごらん」

わけがわかりませんでした。でも、とにかくやってみることにしました。

一人さんによると、顔につやを出すのは簡単。オイルを塗ればいいと言うのです。早速、持っていたスキンケア用のオイルをつけてみることにしました。

「このぐらい？」

「まだまだ」

「このぐらい？」

「もう少し」

一人さんに「いい」と言われるまで、どのくらいつけ足したでしょう。いつもスキンケアで、チョッチョとつけていた私にとっては、「え？　まだ足りないの!?」とびっくりするくらい。「どうなってしまっただろう」と、おそるおそる鏡を見てみると、いつもと違う、つやつやの肌をした、元気そうな私がいます。そんな元気そうな自分を見ると、何だか本当に体の中から元気が出てくるのです。Chapter 3で詳しく書きますが、私は昔から顔色が悪く、いつも疲れた顔をしていました。その私が、元気そうに微笑《ほほえ》んでいるのです。

そう！　カサカサうるおいのない肌は、いかにも疲れて見えますが、ピカピカつややかな肌をしていると、それだけで元気に、幸せそうに見えるのです。そして、幸せは、幸せそうな顔をしている人のところへやってくるのです。

早速、翌日から、いつものスキンケアにプラスして、オイルを塗ることに決めました。ところがここで問題発覚。お化粧をする女性ならおわかりかと思いますが、たっぷりオイルを塗った肌にファンデーションをつけると、よれてしまったり、厚くなってしまったり。「じゃあ」と、オイルが肌に浸透するのを待ってファンデーションをつけると、つやがなくなってしまうのです。

オイルを塗ったら、お化粧しちゃいけないということ？　でも、私はお化粧が大好き。何より、スッピンの顔をさらして、お客様の前に出る勇気はありません。

さあ、どうしよう。その日から私の試行錯誤が始まりました。そして、ついに完成したのが、はなゑオリジナルのつやメイク。

このメイク法で、さまざまな奇跡が起きました。まず、あんなに暇だった「十夢想家」

が、お客様であふれるようになったのです。来る人、来る人、みんなが、

「いつも元気そうでいいね」

「何かいいこと、あったの？　いつも幸せそうな顔をしているね」

などと言ってくれます。

その後、私は一人さんの勧めにしたがって、「十夢想家」を閉め、「銀座まるかん」のサプリメントなどを扱う会社を興《おこ》しました。おかげさまで不況も関係なく、会社は毎年毎年成長を続け、私は、東京・江戸川区の高額納税者番付の上位にも名前があがるようになりました。

私がこんなふうになるなんて、いったいだれが想像したでしょう。「つやを出せば幸せになる」とは、本当のことでした。

私が幸せになったように、みんなにも幸せになってもらいたい……そんな思いから、ここ何年か「開運つやメイク」のエキスパートとして、「ハッピースピリチュアル・メイクアップアドバイザー」の肩書で、各地でセミナーや講演も行うようになりました。そして、「開運つやメイク」を施《ほどこ》すことで、幸せになっていく方々を目《ま》の当たりにするにつれ、もっと多くの方々に「開運つやメイク」を知ってほしいと思うようになりました。

この本では、一人さんと知り合ってから二十年の間に、私が学んだ男性も女性も幸せになる方法と、試行錯誤を重ねつつ研究してきたメイク法をプロセスつきで完全公開いたします。

メイクの時間は、たった十五分。それだけで、今の一〇倍輝いて見え、十歳は確実に若く見られます。

さあ、今度はあなたが幸せになる番です。迷っていないで、今日から始めてみましょう。何もむずかしいことはありません。

「開運つやメイク」を実践したあなたに、すべてのよきことが、雪崩《なだれ》のごとく起きます！

ハッピースピリチュアル・メイクアップアドバイザー　舛岡はなゑ

ハッピーラッキー
開運つやメイクと
魔法の習慣

Contents

Chapter 2
つやを出すだけで人生が変わる！

Chapter 3

体の中からつやを出して、健康美人に！

装幀■石間　淳
本文デザイン■本澤博子
編集協力■中川いづみ

実践！

開運つやメイク

たった15分で完成！
メイク初心者でも簡単にできる
キレイになって
幸せにもなれちゃう
メイク法を徹底解説！

Step1 スキンケア編

「開運つやメイク」のポイントは、なんといっても肌のつや。
「え！　こんなに！」と思うほどたっぷりオイルをつけましょう。

Start オイルをつける前

つやがないと疲れて見えたり、元気がないように思われがち。

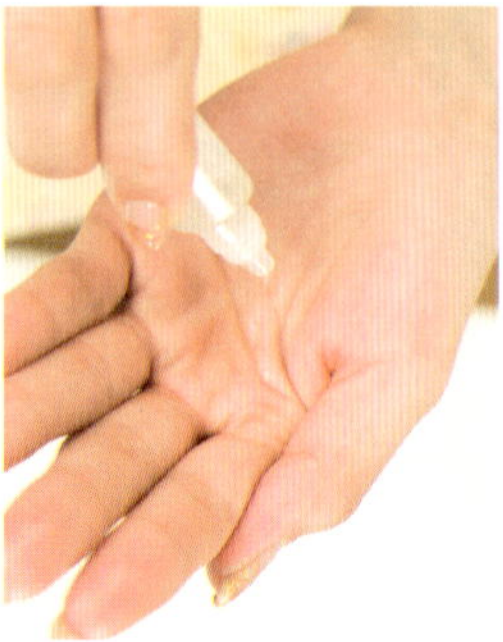

1 オイルを手にとる

メイク前は3～4滴。寝る前は少し多めに5～6滴手にとります。

2 顔全体になじませる

クリームをつけるように顔の内側から外側へオイルをなじませます。

3 オイルをつけた後

オイルをつけただけで、つける前より断然元気な印象。油分が不足していると3～4滴ではつやつやにならないので、つやつやになるまで足して。

Step 2 ファンデーション編

「開運つやメイク」では、ファンデーションをほとんど使いません。リキッドファンデーションをほんの少し、薄く伸ばすことで、オイルのつやをキープしたまま美しい下地の完成です！

1 ファンデーションを手にとる

リキッドタイプのファンデーションの量は５円玉の穴２分の１～１個分。

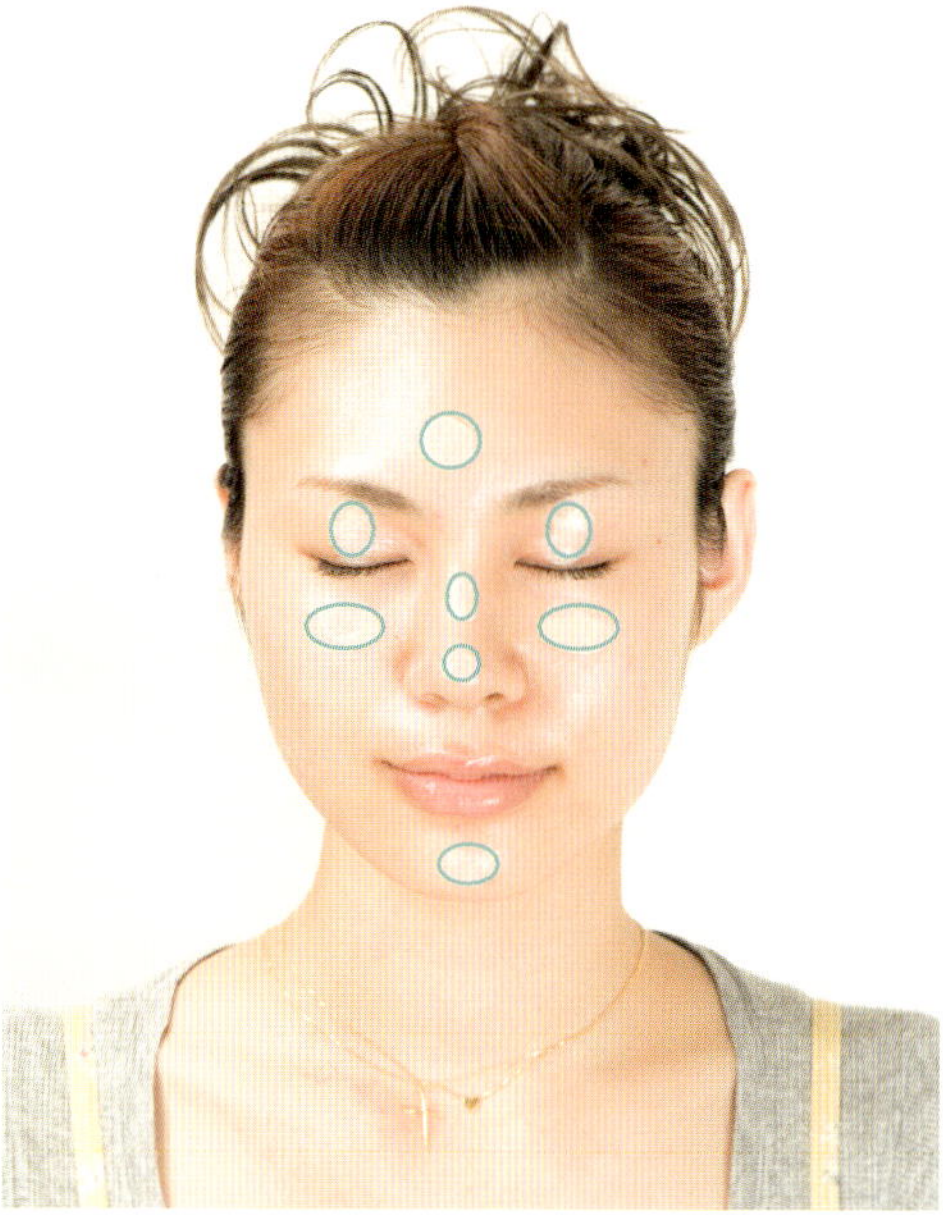

2 8カ所におく

ひたい、両まぶたの上、鼻筋に２カ所、両目の下、あごに少しずつファンデーションをおく。

3 指で伸ばす

顔の中心から外側に向けて、ファンデーションを薄く伸ばす。

4 全体になじませる

ごく薄くつけただけなので、つやが失われていません。

◀コンシーラーは肌より明るい色と、濃い色を用意します。

ハイライトの入れ方

1 ハイライトをのせる位置

まぶたの上にハイライトを入れておくことで、アイシャドーの発色がよくなります。

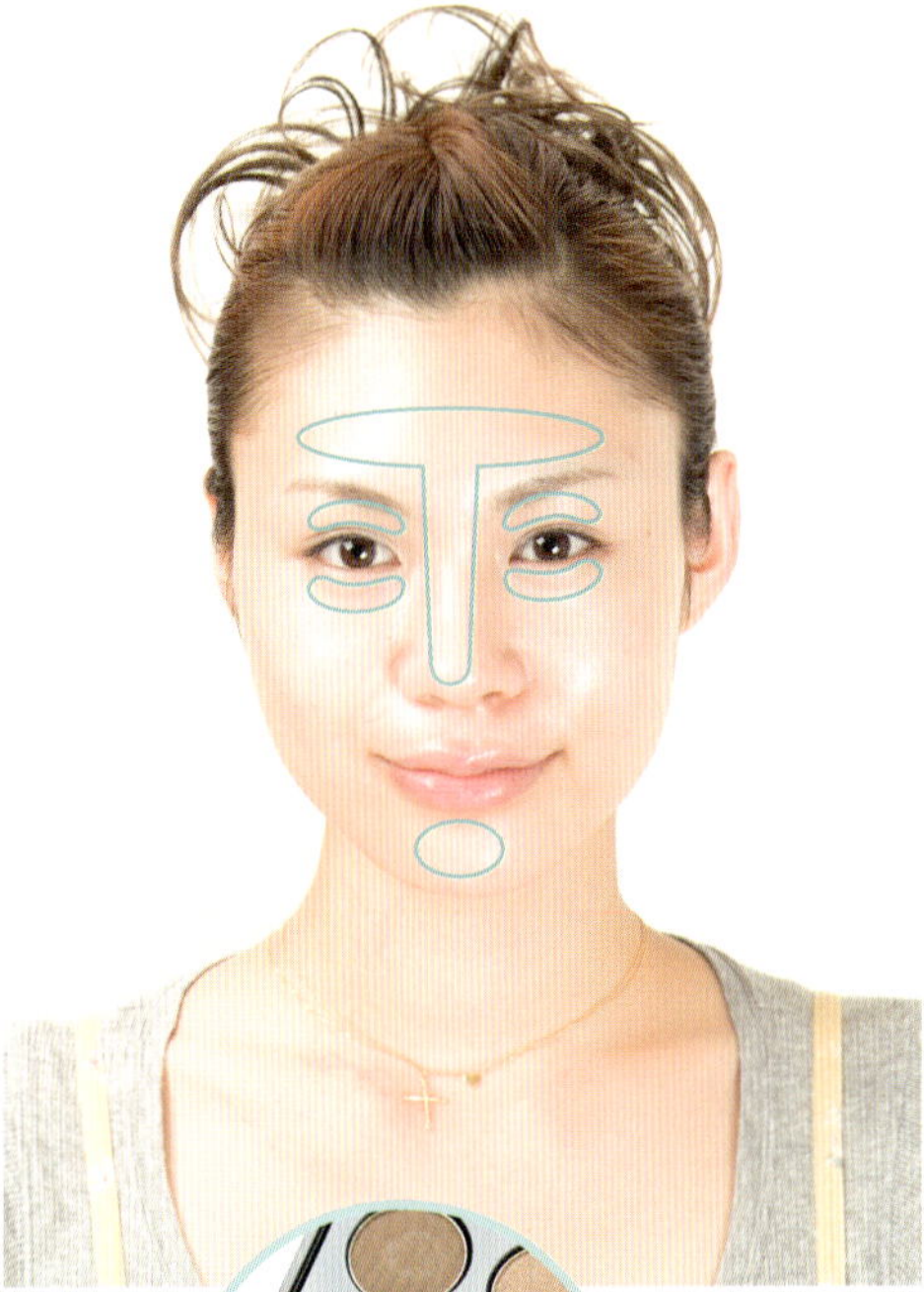

◀ハイライトは真っ白なものより、少しベージュが入ったものを。

2 指で伸ばす

ハイライトを指にとり、1の位置にごく薄く、スッスとつける。

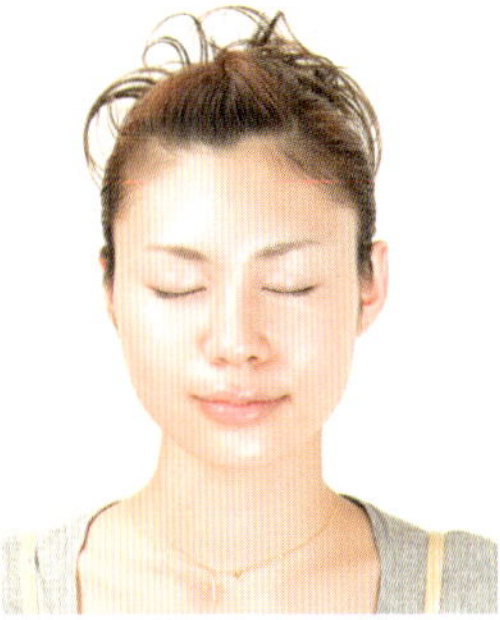

3 なじませてぼかす

鼻筋など高く見せたい部分が浮き上がり、彫りの深い顔立ちに。

Step3 コンシーラー&ハイライト編

「開運つやメイク」では、コンシーラーとハイライトの使い方がとても重要！　うまく使えば輝くつや肌に。

コンシーラーの入れ方

1 明るい色を8カ所におく

指でコンシーラーを少しとり、ファンデーションと同じ場所におく。

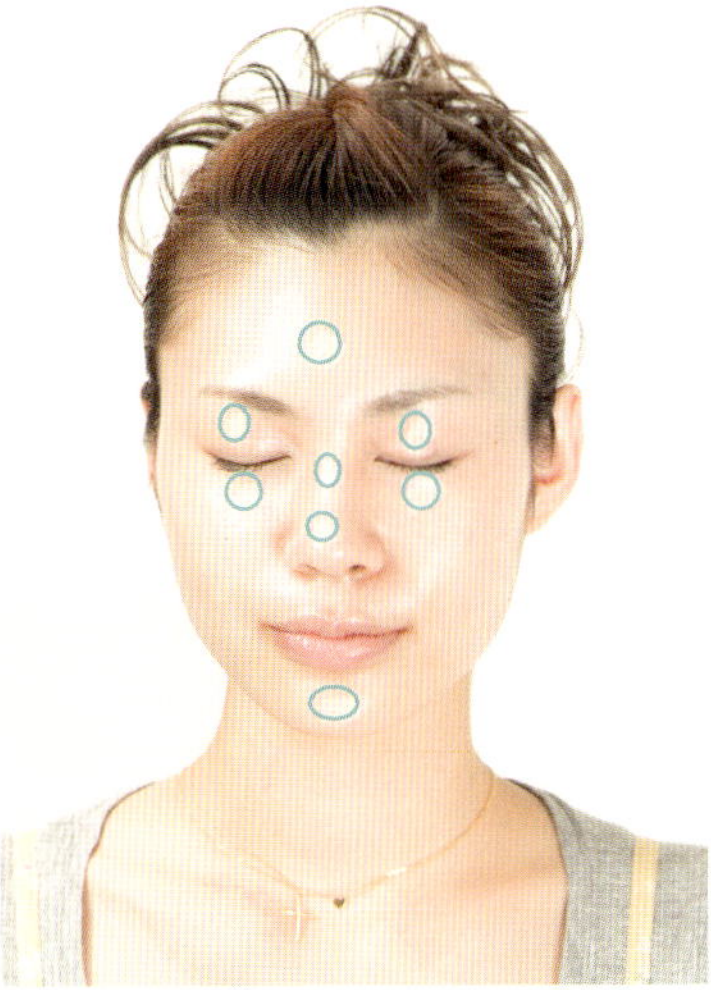

2 指で伸ばす

つけた面積の2～3倍になるように指でコンシーラーを広げる。これだけで顔に立体感が生まれます。

3 濃い色をおく

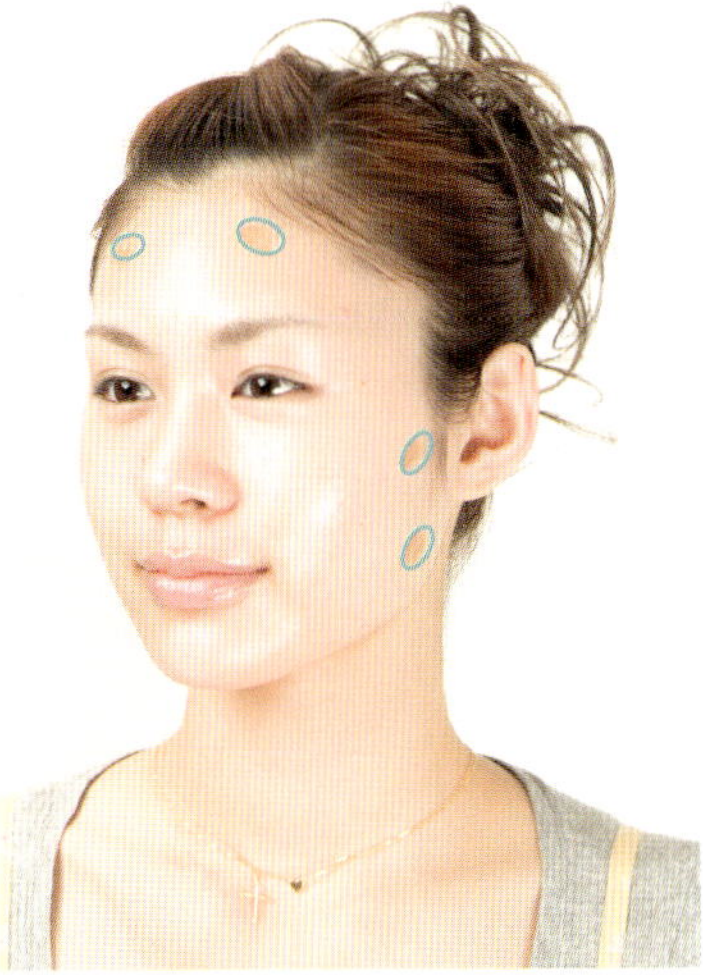

ひたいの髪の生え際に2カ所、耳の前に2カ所、濃い色をおく。

4 濃い色を伸ばす

肌になじむように指で伸ばす。自然な影ができて、顔が引き締まって見える。

「開運眉」と呼ばれる、上品できりっとした眉は、高めに描くのがポイントです。眉山の位置さえ間違えなければ、だれにでも描けます。印象がガラリと変わって、表情豊かな顔に。

眉山の高さのポイント

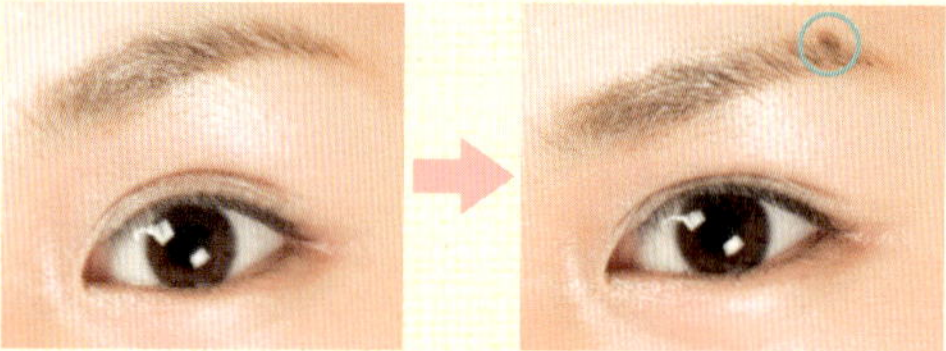

眉を引き上げたときに凹むところが眉山の高さになります。

横から見ると…

5 完成

自然なカーブの眉が、上品でやさしい印象の顔に。目も大きくなった感じ。

6 手直し

眉尻は細いほうがエレガント。太くなってしまったときは綿棒で修正。

Step4 アイブロウ編

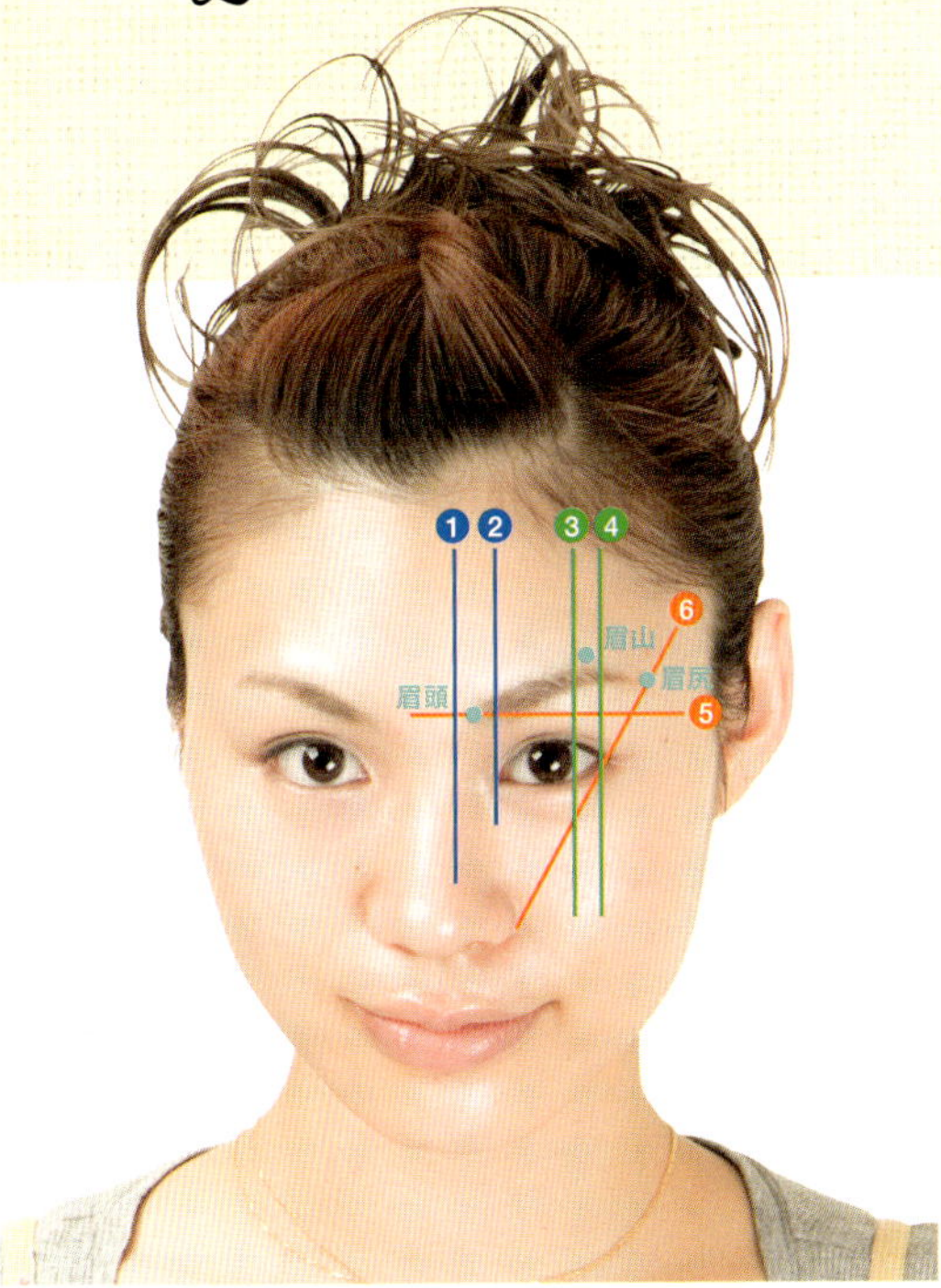

1 眉頭、眉山、眉尻の位置の決め方

左の図のとおりにすると、だれでも間違いなく美しい「開運眉」に。

12
眉頭➡鼻筋と目頭の間
34
眉山➡黒目の際《きわ》と目尻の間。高さは眉を上げたときに凹むところ
56
眉尻➡眉頭より高い位置にとる。小鼻の脇と目尻を結んだ延長線上

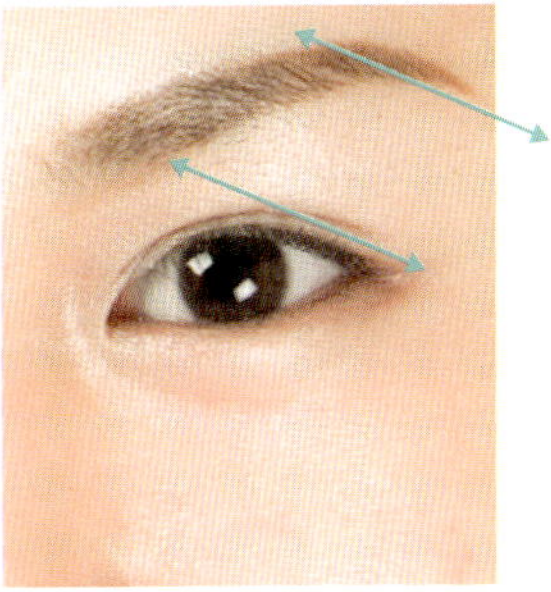

2 余分な毛をカットする

眉に直角にはさみをあててカットすると、きれいに長さがそろう。

3 油分をおさえる

眉に油分が残っているときれいに描けないので、ティッシュオフしてパフで油分を吸収。

4 アイブロウペンシルで描き足す

眉山から眉尻へのラインは、目のラインと平行になるように書く。眉尻は眉頭より高くすること。

キラキラ輝く、明るい目元を作る秘密兵器は、白いラインとハイライト。驚くほど目が大きくなります。

アイシャドーとアイラインを入れるとこうなります！

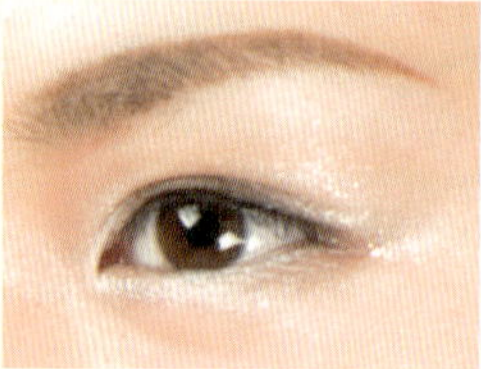

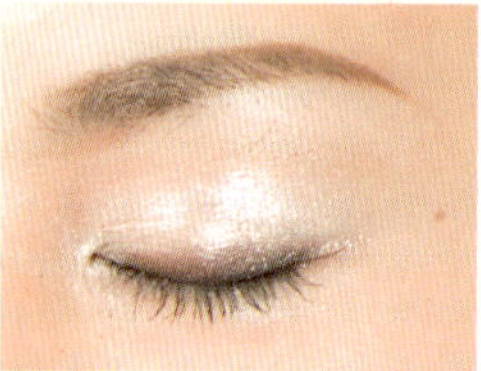

8 アイメイクはこれで完成！

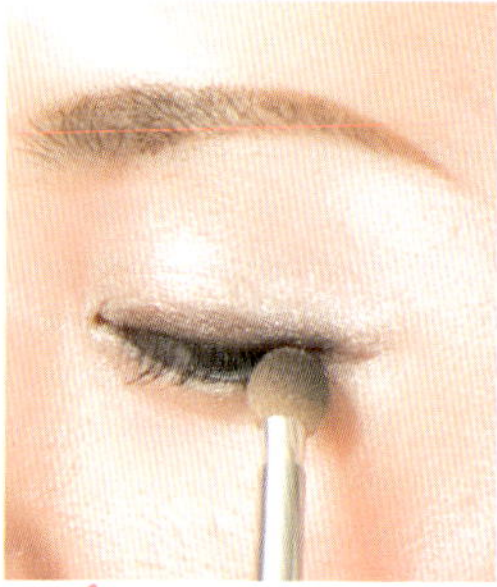

5 黒のアイライナーでアイラインをひく

アイライナーはリキッドタイプがおすすめ。まつげの間を埋めるようにひく。

6 濃い色のシャドーを入れる

ブラウンか黒のアイシャドーでアイラインをぼかし、自然なラインに。

7 マスカラをつける

ビューラーでカールさせたあと、マスカラを。まつげの下から、上からと交互につける。下まつげはマスカラを縦にしてつける。

Step 5 アイシャドー＆アイライン編

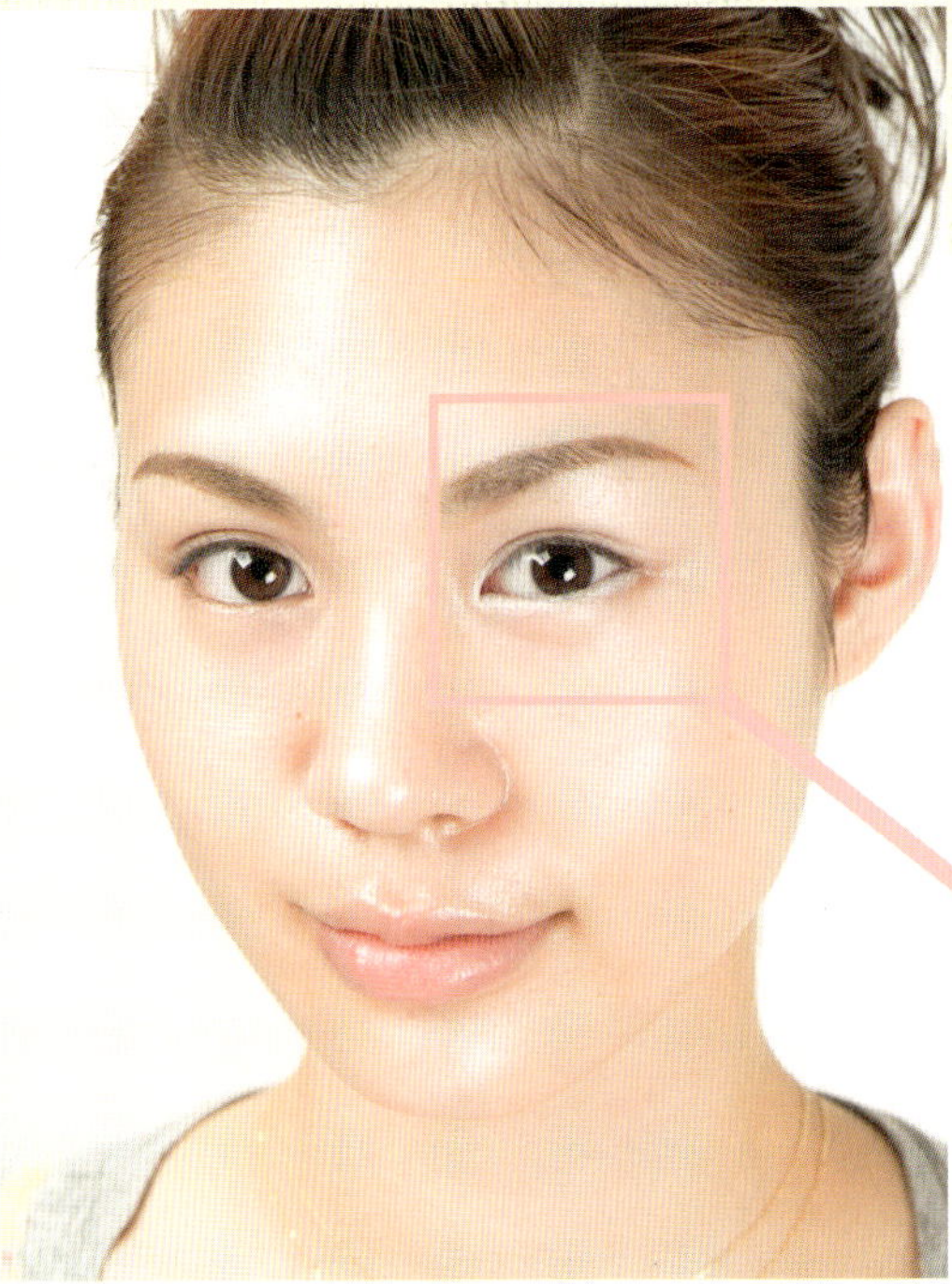

1 白いアイラインをひく

目頭から下まぶたの目尻にかけて「く」の字に白いラインを入れる。

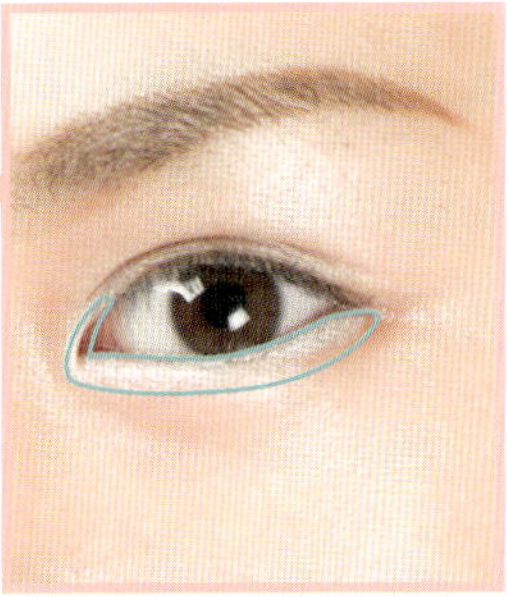

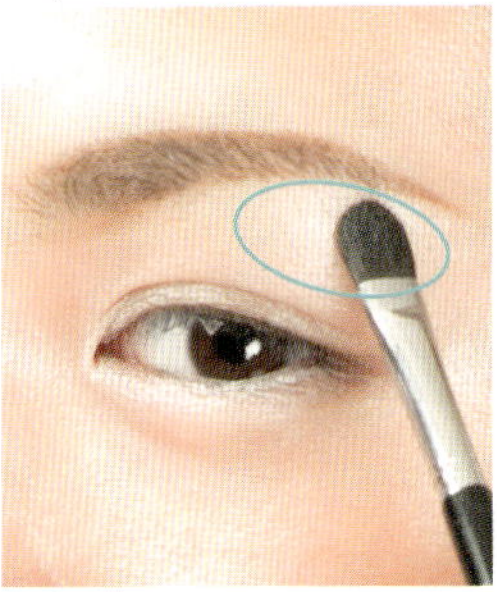

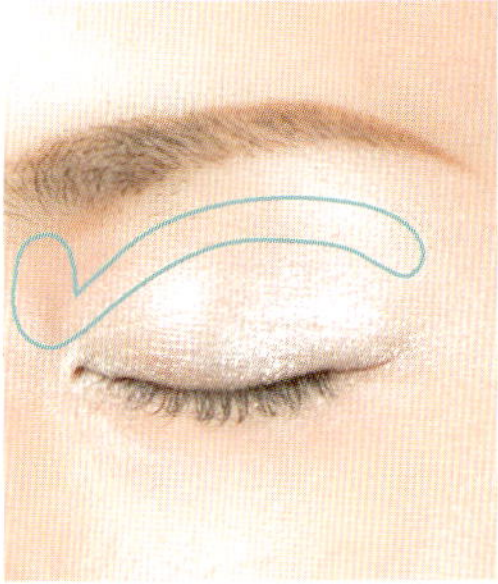

2 ハイライトを入れる

眉の下にハイライトを入れる。目元が明るく、彫りが深く見える。

3 薄い色を上まぶた全体に入れる

今つけているのは流行のシルバー。薄いピンクやブルーでもOK。

4 薄いブラウンでノーズシャドーとアイホールにひと筆。

Step6 リップ編

口紅は肌になじむベージュ系がおすすめ。年齢問わず、だれにでも似合います。最後につやを出すグロスを忘れずに。

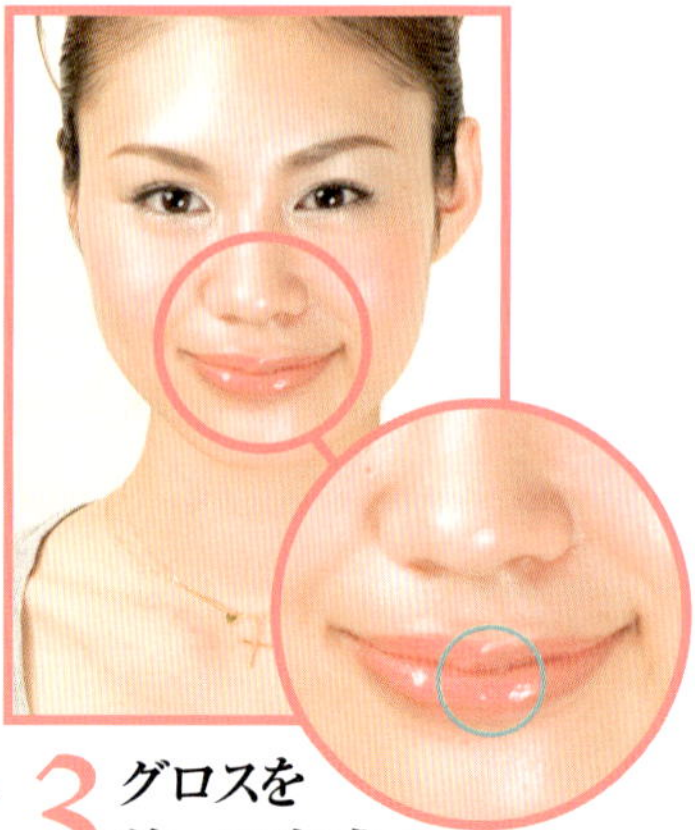

1 リップペンシルで輪郭を描く

唇より少し濃いベージュ系のリップペンシルで、唇よりほんの少し外側に描く。

2 口紅を塗る

リップブラシを使うと色がよくのるが、口紅を直接塗ってもＯＫ。

3 グロスを塗って完成！

グロスは全体に薄く塗ってから、唇の中心にだけさらに重ねる。立体感のある唇に。

だれにでも似合うベージュ系の３色

ピンクベージュ

オレンジベージュ

ブラウンベージュ

Step 7 仕上げ、化粧直し編

いよいよ仕上げです。チークは、頬の中心にまーるく入れるのがポイントです。年齢問わず、可愛い印象になり、つやつや肌とあいまって、健康的なイメージに。

チークの入れ方

1 チークをおく位置

ニコッと笑ったとき、頬がいちばん高くなる部分にチークを入れる。

◀だれにでも似合うピンクがかったオレンジ色。クリームタイプがおすすめ。

2 指でチークをとり、おく

チークを入れる位置に、ポンポンとおく。少し多めでも大丈夫。

3 なじませる

指でたたきながら、丸く広げていく。頬の高い位置より下にならないように注意。

パウダーをつけると化粧くずれしにくくなります。パウダーの量はほんの少しでOK。昼間、肌につやがなくなってきたら、オイルを補給。メイクの上からつけても大丈夫です。

仕上げと化粧直し

1 スポンジでおさえる

小鼻の周りやTゾーンなどテカリやすい部分をスポンジで押さえる。

2 パウダーをとる

パウダーをつけすぎるとつやがなくなるので、手の甲で粉を落として。

3 パウダーをつける

小鼻の周りやTゾーンなど、化粧くずれしやすい部分に少しだけつける。

油分が少なくなってきたら…

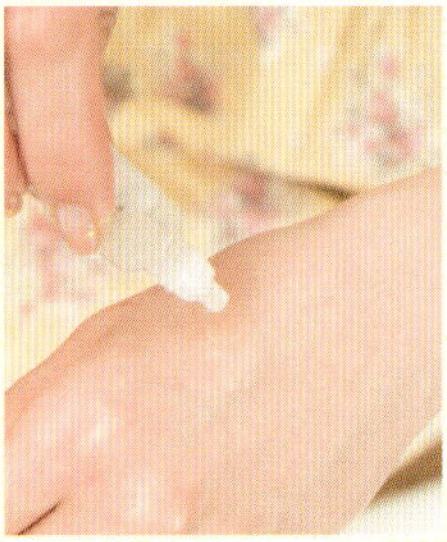

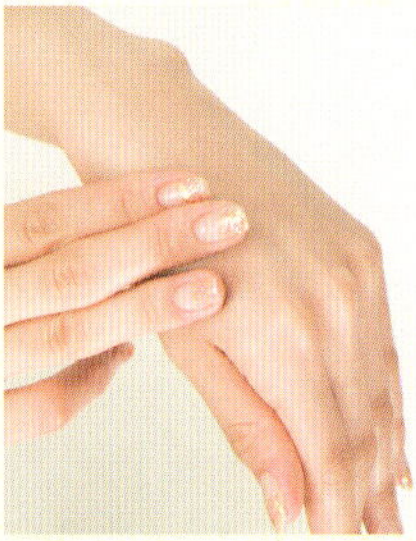

カサついてきたら、オイルを補給。手の甲にオイルを1〜2滴とる。

指にオイルをよくなじませる。手の甲のオイルを指に移す感じ。

カサついている部分を、オイルをつけた指で押さえ、つやつや肌に。

開運つやメイクのポイント

まとめ

開運つやメイクと普通のメイクではメイク道具の使い方がまったく違います。ここではポイントとしてまとめましたので、これだけは注意してください。

1
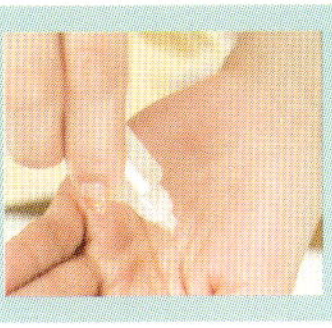
たっぷりオイルで
つやつや肌

2
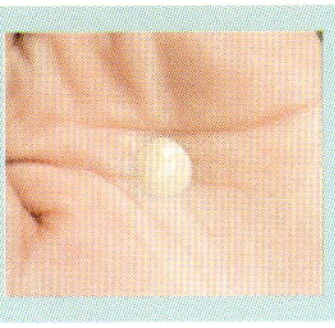
ファンデーションは
ほんの少し

3

コンシーラーの
2色使い

4
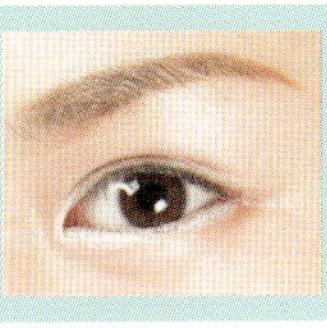
白いアイラインで
目元を明るく

5

パウダーは
ほんの少し

開運つやメイク完成！

Finish
完成！

つやつやと元気そうな顔！　目もキラキラ輝いて、メイク前より一回り大きくなった印象。カジュアルシーンもパーティーもこれでOK！

メイク前

つやがないために、なんとなく元気がない印象。魅力的な顔がもったいない。

開運つやメイクで
あなたも
ハッピーラッキー！

キラキラアイテムでさらに開運！

“開運”のためには、光るアクセサリーをつけるのも大事なこと。私はいつもこんな感じでつけています。最初は小さなものでもいいけれど、少しずつ大きく、数を増やしていってください。

「HANAE」の文字入りのオリジナルペンダントヘッド。私のお守りのようなものです。

ゴールド系

シルバー系

シルバー系

Chapter1

つやで
キラキラオーラの
女性になるメイク

Step1

スキンケア編

一日三回、オイルでつや出し

つやを出すのは、とっても簡単。今までのスキンケアの最後にオイルをプラスすればいいだけです。三～四滴、手のひらにとって、クリームをつけるようになじませていきます。肌にスーッと吸い込まれていったら、少し足してつけましょう。油分が不足している人は、どんどん肌に浸透していくので、どんどん足していきましょう。

肌がうるおう程度では少なすぎます。最初は「こんなにつけるの!?」と思うくらいつけて、ちょうどいいのです。

朝、たっぷりオイルをつけても、お昼過ぎになれば、肌もちょっと疲れてきて、つやを失い始めます。だから、お昼にもオイルを補給。ちょっと肌がカサついてきたかな、つやがなくなってきたかなと思ったら、一～二滴手にとって、両手のひらでよくなじませ、顔を包み込むようにして、オイルをつけます。こすらなければ、メイクの上からでも大丈夫。疲れた肌も、これで輝きを取り戻します。外出先にも、小さな瓶にオイルを入れて、持って行ってください。

夜も、洗顔後、いつものとおりのスキンケアをして、最後にオイルをたっぷりと。これだけでOKです。

オイルをつけたあとの自分の顔を、鏡で見てください。つやつや輝いているでしょう。これこそが「つや肌」。毎日適度な油分を補っていると、自然につやが出てくるし、何より肌が柔らかくなってきて、肌には油分が必要なんだと実感します。

メイクをしない男性だって、洗顔のあと、オイルをつけるぐらいならできますよね。男の人、とくにある程度の年齢以上になると、「脂ぎっている」というイメージがあるけれど、あれは本当にイメージだけ。肌がカサついている男の人のほうがけっこう多いし、脂ぎっているのは鼻のあたりだけで、頬《ほお》はカサカサという人が多いんです。疲れて見える男性は魅力に乏《とぼ》しいけれど、いつも元気で楽しそうな人って、人気がありますよね。

ほかのスキンケアは今までのとおりでいいのですが、洗顔方法だけは間違った洗い方をしていないか、チェックしてください。きれいな肌を作るために何より大切なのが洗顔。間違った洗い方をしていると、肌を傷めることにもなりかねません。洗うときは、洗顔料をよく泡立てて、泡を顔の表面に転がすようなイメージ。決してゴシゴシこすってはいけません。顔を拭《ふ》くときも、ゴシゴシこすらず、タオルを顔にあてて、水分を吸収させるような感じ。肌はデリケートなものと、心得てくださいね。

Step 2

ファンデーション編

ほんのちょっぴりのファンデが決め手

たっぷりオイルをつけた肌に、いかにムラなく、きれいにファンデーションをつけるか……私がもっとも苦労したのは、この点でした。

ファンデーションには大きく分けて、リキッドタイプ、クリームタイプ、パウダリータイプの三つがありますが、リキッドタイプはズルズルすべって、うまくつかない。クリームタイプやパウダリータイプは厚塗りになったり、ムラになったり。オイルで「つや」を出したのに、ファンデーションを厚く塗ってしまったら、せっかくの「つや肌」も台無しです。いろいろなファンデーションを使ってみて、到達した結論は、ファンデーションで肌をカバーするのは無理だということ。

みなさんは何のためにファンデーションをつけていますか？　肌の色を均一に見せるため？　シミやソバカスを隠すため？　そう。ファンデーションはどうしても肌の欠点を隠すことが目的になりがちです。だから、ファンデーションをつけると、シミも隠れるけれど、同時に「つや」も消してしまう。つややかな肌に見せるために、仕上げにパール入りの粉をはたいてみたり。これって、肌が荒れたように見えてしまうことも多いんです。そこで私は考え方を変えました。気になるところがあるなら、コンシーラーでカバーすればいい。ファンデーションはごくごく薄くつけて、コンシーラーをつけやすくするためのベースにすればいいという考え方です。

おすすめはリキッドかクリームタイプ。水ファンデのようなものでもかまいません。それをほんの少し手にとって、薄ーく顔全体に伸ばします。リキッドタイプだったら、五円玉の穴の半分くらいの量でしょうか。講習会などで実際にメイクをしてみせると、みなさん、「え、たったこれだけ!?」と驚かれるのですが、それで充分。顔表面のオイルと混ざって、ほんの少しでも、不思議なくらいよく伸びるのです。パウダリータイプはどうしても厚くついてしまうので、避けたほうがいいでしょう。

ファンデーションをつけるときは、チョンチョン、チョンと、ひたい、両まぶたの上、両目の下、鼻筋に二カ所、あごにおき、指で顔の中心から外側に向けて伸ばしていきます。これなら、ファンデーションをつけても、肌のつやはそのまま。シミは……隠れていませんね。でも、いいのです。シミを隠すのはこれから。「開運つやメイク」では、とにかくつやを消さないことが大事。シミが気になるからといって、ファンデーションを厚く塗ってはいけません。つやがなくなってしまいます。

水ファンデを使う場合は、適量を手に取り、乳液を顔につけるように薄くつけていきます。いずれにしても、ファンデーションは、ごく少量を薄く。これが基本です。

Step3

コンシーラー&ハイライト編

くすみのない透明感のある肌づくり

しつこいようですが、「開運つやメイク」で大事なのは、肌のつや。そのためにファンデーションはごく薄くつけるだけにするのですが、これでは気になるシミやくすみをカバーすることはできません。

そこで活躍するのが、コンシーラー。「開運つやメイク」には欠かせないアイテムです。ふつう、コンシーラーというと、シミやクマを隠すために、チョチョッとつける程度ですが、「開運つやメイク」では、ファンデーション代わりに肌の色を整えるのに使います。

コンシーラーは、肌の色より一段明るめのものと、濃いめのもの、二色を用意します。まず最初に明るめのものを、ひたい、両まぶた、両目の下、鼻二カ所、あごの八カ所にチョンチョンとおき、指で顔の中心から外側へ向けて伸ばしていきます。あまり幅広くつけると、白浮きしてしまうので、丁寧に指でぼかしていきましょう。

次に肌の色より濃いめのコンシーラーを輪郭部分にポンポンとおき、やはり指で丁寧に伸ばします。隠したいシミがある人は、ブラシでコンシーラーを少し取り、シミの部分につけて、周囲をよくぼかします。

目元に明るめのコンシーラーをつけることで、パッと華やかな印象になり、つやは残ったまま。しかも、コンシーラーの二色使いをすることで、顔に自然な立体感が出て、小顔にも見えます。

次にハイライトを、ひたいと鼻筋のTゾーンと、両まぶたの上全体、目の下、そしてあごにも軽くさっと入れます。ハイライトを入れることで、より顔に立体感が出て、小顔に見せる効果があるのです。

「開運つやメイク」は、品よく見えるナチュラルメイク。アイシャドーも薄い色が基本なのですが、まぶたにハイライトを入れると、淡いピンクなどアイシャドーも発色がよくなって、とてもきれいに見えるのです。茶色の地にピンクをのせても濁ったピンクに見えてしまうけれど、白の地にピンクをのせると、ふわっとして、とてもきれいに見えるでしょう。それと同じです。

ふつうハイライトはブラシでサッサと入れますが、肌に油分が残っている状態でブラシを使うと、刷毛《はけ》のあとが残ってしまうことがあるので、指にハイライトを少しとって、スッスッと伸ばすことをおすすめします。油分が残っているので、ハイライトが肌にぴたっとなじみ、白浮きすることもありません。

気をつけるのは、つける量。はっきり白く見えたら、つけすぎです。つけた部分が明るく光って見えるくらいが、ちょうどいいのです。指でつけるのがむずかしかったらブラシを使ってもかまいません。この場合、ブラシにハイライトをとったら、必ず一度手の甲で余分な粉を落としてください。

ハイライトは、真っ白でないものを。パールが入っている、ちょっとベージュが混ざったものがベストです。パールが入っていないものはつや肌とバランスが悪く、真っ白だと浮いてしまうからです。

Step4

アイブロウ編　高めに描く眉こそ、開運つやメイクのポイント

さあ、いよいよ眉《まゆ》です。眉は顔の中でいちばん重要な部分。それだけに眉次第で、顔の印象はガラリと変わってしまいます。眉を全然いじっていなかった人が、ちょっと眉をカットするだけで、驚くほど垢抜《あかぬ》けた印象になりますし、極端な話、つやと形のいい眉さえ手に入れれば、もう幸せになること間違いなし！と言っても過言ではないくらいです。

では、形のいい眉とは、どのような眉なのでしょうか。ポイントは眉山《まゆやま》の高さ。

最近は高校生でも眉をカットするのは当たり前のようになっています。でも、眉の下のラインに合わせてカットしている人が多く、電車の中でそんな眉の人を見かけると、飛んでいって直してあげたくなってしまいます。本来の眉山より、下に描いていると、下がり眉になって、何だかいつも泣いているような、困っているような、悲しげな顔になってしまって、運がどんどん逃げてしまうのです。

鏡を見て、眉をぐっと上げてみてください。眉の上に凹《へこ》むところがありますね。そこが本来の眉山の高さ。黒目の際《きわ》と目尻《めじり》の間に眉山がくるようにラインをとり、上下の余分な

毛をカットしていきます。それだけで目元がパッと明るくなります。眉が薄い人は、正しい眉山の位置に向けて、描き足していきます。眉尻にかけて、だんだん細く、眉山から眉尻は、目のラインに平行になるように描き、眉尻は眉頭《まゆがしら》より高い位置になるようにするのが、美しい眉にするポイントです。

眉毛の真ん中に眉山を作ると三角眉になってしまうので、気をつけて。

眉を描くとき、眉に油分が残っていると描きにくいので、ティッシュオフしてパフで押さえて、余分な油分をとってから。私は、こげ茶の硬めのアイブロウペンシルを使っています。軟らかいとベタッとなってしまうからです。

眉頭は鼻筋と目頭の間にすると、バランスがよくなります。きつい顔に見えてしまうのは、眉頭と眉頭の間が狭いため。眉の間は、少し離しぎみにすると、やさしい印象になります。きつい印象になりがちな人は、眉頭をほんの少しカットしてみてください。見違えるほど柔らかい印象になるはずです。よほど眉が薄い人でなければ、眉頭に色を足す必要はありません。足すときも、ごく薄く。最後に、眉尻などを綿棒で修正すれば完成です。

どうですか？　本来の眉を生かした形だから、とても自然。眉が表情と一緒に動いて、豊かな表情を作り出します。本来の眉を生かさないと、怒っても笑っても眉が動かず、とても表情の乏しい顔になってしまうのです。表情の豊かな人とは話していて楽しいけれど、何を言っても表情が変わらない人だと、話している甲斐《かい》がないでしょう。自然に友だちが少なくなってしまう。だから、眉って、とても大事なのです。

男性にとっても眉は大事。アイドルのように細くする必要はありませんが、眉尻の眉の毛先を少しカットして、眉の下のラインのムダ毛を整えてください。目元が明るくなって、若々しい印象になります。

女性も男性も、眉で目元を明るく、表情豊かにして、運を開いていってください。

Step 5

アイシャドー&アイライン編

品よく、強く、キラキラ目元

目を大きく見せたい……日本の女性たちのメイクの大きな目的は、これにあるのではないでしょうか。目が大きく見えて嫌がる人はいないでしょう。

「開運つやメイク」のアイメイクは、目が大きく見えることはもちろん、いかにして「つや＝輝き」のある目元を作るかがポイントになります。幸せな人は、目がキラキラと輝いていますものね。

そこで、ぜひ用意していただきたいのが、白いペンシル。これは目元に明るさを生み出す魔法のアイテム。これがなくては、「開運つやメイク」のアイメイクはできないというぐらいの、必須アイテムです。

この白いペンシルを使って、まず、目頭にそって「く」の字にラインを入れます。次に下まぶたのまつげの内側にそってラインを入れます。どうですか？　今までの倍というのは大げさにしても、五割は目が大きくなって、キラキラ輝いて見えるでしょう。目の際に白いラインを入れると、白目が大きくなったように見えて、それで目が大きく見えるのです。しかも、白いラインは瞳に光を反射させ、キラキラ輝かせてくれるというわけ。

初めて自分で試してみたとき、あまりの違いに驚いて、それ以来、何はなくても白のライン。このラインを一本プラスするだけで、ランクアップすること、間違いなし！です。

白いラインを入れたら、眉の下にハイライトを入れます。これは目元を明るく見せる効果があります。

その後、上まぶた全体に薄い色のアイシャドーを入れます。目元を華やかにしたいときは、ピンクやブルー、グリーンなどのアイシャドーを使ってもいいでしょう。上まぶたにハイライトを入れているので、薄い色でも発色がよく、品よく華やかな目元になります。

次に、アイホール（眉毛と目の間、まぶたの骨のあたり）と、鼻筋に薄いブラウンを入れると、目元がすっきり見えます。

その後は、黒のアイラインを上まぶたに入れます。描きやすさという点で、筆ペンタイプのリキッドアイライナーがおすすめです。これを使って、まつげの間を埋めるように塗っていきます。基本的に、外側にいくほど太くします。

最後に、濃いめのブラウンか、黒のアイシャドーをブラシにとって、ラインをぼかすと自然な感じになります。アイライナーが苦手な人は、これだけでもライン効果があります。

アイメイクの仕上げはマスカラで。ボリュームはお好みでどうぞ。

Step6

リップ編
唇にはグロスで、つや感アップ

少し前まで口紅には、その年の流行がありました。真っ赤がはやったときもあったし、ローズピンクにオレンジ、ワインレッドということもありましたっけ。でも今は昔ほど口紅の色の流行はないように思います。そのきっかけとなったのは、ナチュラル系の色みの口紅。その色に慣れてしまったら、もう真っ赤やローズピンクはつけられなくなってしまったみたいです。

確かに赤い口紅はむずかしい。マドンナやグウェン・ステファニーのように、洗練されていて、かつ強い個性の人でないと、なかなかカッコよくきまりません。私もときどきつけてみるけど、「きつく見える」とか、「似合わない」とか言われてしまいます。

周りの人にマイナスの印象を与えては、「開運つやメイク」と言えません。というわけで、口紅はナチュラル系の色みをおすすめします。

まず唇より少し濃いめの色のリップペンシルを使って、唇の輪郭を描きます。このときのポイントは、唇の色のついている部分より、ほんの少し外側に描くこと。こうすると唇がふっくら見えて、やさしく、温かい雰囲気に見えるのです。唇が薄いと、なんとなく冷たそうな印象になるでしょう。だから、ふっくら描くわけです。濃い色の口紅だと、口が大きく見えてしまうけど、肌になじむナチュラル系の色みなら、少し大きめに描いても不自然にならないのも、いいところ。大きめの唇は人相学的に見ても、財運を呼び込む相です。

そして、口紅を塗っていきましょう。最後にグロスを塗って、唇にもつやを。

口紅の色は、ナチュラルな色みだったら、何でもかまいませんが、ピンクベージュ、オレンジベージュ、そしてブラウンがかったベージュの三色があると、どんな服にも合わせられて便利です。

お年を召した方の中には、ベージュ系だと顔色が悪く見えると心配される方がいらっしゃいますが、だからといって赤い口紅をつけていると、古いメイクをしているなと思われてしまいがち。年齢を重ねると、唇の輪郭があいまいになって、そのせいで顔色が悪く見えたりするのですが、リップペンシルできちんと輪郭をとれば大丈夫。そのうえグロスをつければ、つややかな口元になって、顔色が悪く見えることはありません。第一、顔につやがあるんですもの。心配ご無用です。

いくつになっても、流行の色が似合うなんて素敵なこと。それも「つや肌」あってのことです。

Step 7

仕上げ、化粧直し編

チークで健康美、つやをキープで人気者！

あとは仕上げを残すのみです。そうそう、チークもまだでしたね。

チークにはクリームタイプのものと、パウダータイプがありますが、私のおすすめはクリームタイプ。肌にぴたっとなじんで、まるで自分の肌の内側から赤みがさしているように見えるからです。血色がいい、健康な肌に見えるというわけです。

チークをつける位置は、頬の中央のあたり。ニコッと笑うと、頬のお肉がギュッと持ち上がりますよね。そのいちばん高いところです。指にチークをとって、そこにポンポンとおき、まーるくなるように伸ばします。

ほら、可愛《かわい》くなるでしょう。この位置にチークを入れると、二十代の若い女性も、おばあちゃまも、みんな可愛く見えるんです。

おすすめの色は、ちょっとピンクがかったオレンジ色。ピンクだと色の黒い人は浮いてしまうし、オレンジだと可愛さが少し足りない感じ。ピンクオレンジはだれでも似合う魔法の色です。

ここまでメイクをしてくると、オイルもかなり肌に吸収され、肌はしっとりしてきます。とはいえ、小鼻の周りやTゾーンなど油分の分泌がさかんな部分は、ちょっとテカった感じ。テカっている部分をスポンジで押さえ、余分な油分をとってから、パウダーをはたきます。「はたく」といっても、粉をたくさんつけたら、せっかくの「つや」がなくなってしまいます。パフに粉をとったら、よくなじませて、手の甲にポンポンとつけて粉を落とします。パフにはほとんど粉がついていないような状態。これで、テカリやすい小鼻の周りやTゾーンを押さえます。テカリが消えて、つややかさだけ残った「開運つやメイク」のできあがり！

パウダータイプのチークの場合は、パウダーをつけたあとチークをフワッとつけて。自然な感じの赤みになります。

外出先ではお化粧直しをしますよね。このとき忘れずチェックしてほしいのは、顔のつや。外気にさらされていると、肌は乾燥してきて、つやのない状態になってしまいます。鏡を見て、「つやがない、ちょっとカサカサ」と思ったら、オイルを手の甲に一〜二滴とり、指によくなじませて、カサついた部分を指で軽く押さえましょう。つやが戻ってきます。

夕方ごろになると、どうしても顔も体も疲れがち。みんながドヨ〜ンとしているとき、元気はつらつな顔をしていると、みんなも元気が出てきます。顔が元気だと、自然に笑顔になっちゃうんです。いつも笑顔の元気メーカーなら、みんなの人気者になって当然。

つや肌づくりのQ&A

Q1 オイリー肌でもオイルをつけたほうがいい？

A 自分はオイリー肌だと思っている人も、実はオイリーなのは部分的ということが多いのです。小鼻の周りやTゾーンはオイリーでも、頬はノーマルだったり、ドライだったり。それなのに、顔全体をオイリーのケアをしていると、頬はいつも脂分不足の状態になってしまいます。それにオイリーだということを気にしすぎて、しょっちゅう拭いていると、肌は脂分を出そう出そうとして、よけいオイリーになってしまうこともあるのです。

適度な脂分はどんな肌にも絶対必要。私の講習に参加してくれた人の中には、オイルをつけていたら、オイリー肌じゃなくなった、ニキビも治ったという人がいるくらいです。

Question & Answer

Q2 日に焼けやすくならない？

A 真夏、何もつけないで浜辺に寝転がっていると、真っ赤にやけて火ぶくれしますよね。日焼けするためのオイル、サンオイルを塗っても、そんなにひどく焼けたりしません。つまりオイルは紫外線から肌をガードする働きもあるのです。紫外線をカットしたいときは、ファンデーションをつける前に、紫外線カット効果のある下地クリームをつけましょう。下地クリームで肌が荒れることも多いので、肌に合った品質のいいものを選んでください。

Q3 どんなオイルを使えばいいの？

A スクワランオイルやオリーブオイルなど、天然のものであれば、何でもかまいません。成分表示をチェックすれば大丈夫でしょう。天然のものであっても、防腐剤は入っていると思います。ビタミンE（トコフェロール）は自然素材の酸化防止剤ですし、パラベンは化粧品には一般的に使われている防腐剤です。まれにオイルが肌に合わない方もいらっしゃいます。二の腕の内側につけてみて、しばらくおき、赤くならなければ大丈夫です。

QA オイルのあとにファンデーション。化粧くずれしやすくならない？

A 化粧くずれするのは、ファンデーションを厚く塗りすぎているから。ファンデーションの量を少なくすれば、大丈夫。それにオイルをつければ、化粧のりが悪くなるということがありません。

よく肌がカサついていると、化粧のりが悪くなり、ファンデーションをつければつけるほど小ジワが目立って、疲れている顔が、よけい疲れて見えることがあるでしょう。オイルをつけることで、こんな悩みからも解放されます。

Chapter2

つやを出すだけで人生が変わる！

つやメイクの一〇の特徴

つやメイク、試していただけましたか？　これまでのメイク方法とずいぶん違うところがあるので、戸惑われる方も多いと思いますが、特別なテクニックは何も必要ありません。とにかくスキンケアの最後にオイルをたっぷりつけ、そのオイルでつくった「つや」を失わないように注意するだけ。ベースづくりも、アイメイクもすべて「つやを失わない」「輝きを大切にする」ことが基本になっていますから、それさえ理解すれば簡単です。

ここで「つやメイク」の特徴をいくつか挙げておきましょう。

1十五分でできる

「つやメイク」には、「つやを失わない」「輝きを大切にする」ために、プロセス一つ一つに理由があります。その理由さえ理解すれば、自然に手が動いていくようになるでしょう。

2だれにでも似合う、どんなファッションにも似合う

「つやメイク」は、ナチュラルで、その方の顔立ちを生かしたメイク。そのため、年齢を問わず、どなたにも似合います。使う色みもあくまでもナチュラルなので、どんなファッションにも似合います。服の色に合わせて目元を、ブルーやグリーン、ゴールド、シルバー、ピンク、パープルのアイシャドーで濃淡をつければ、パーティーだってバッチリ！　カジュアルからフォーマルまで、どんなシーンもオールマイティーのメイクです。

3 表情が生き生きする

「つやメイク」では、眉山を高い位置にするのがポイント（もちろん高すぎるのはＮＧ）。眉の形を無理に作るのではなく、もともとの眉山の位置を生かして眉を整えるので、とても自然な印象。表情が動くたびに眉も動き、とても生き生きした印象になります。

4 瞳に力強い光が感じられる

アイメイクのポイントは、下まぶたに引く白いアイライン。これは目を大きく見せると同時に、光を反射して、瞳をキラキラ輝かせる役割もします。「目は心の窓」といいますが、夢や希望に向かって、自信を持って歩んでいる人は、目がキラキラ輝いています。「つやメイク」をすれば、目に力強い光が宿って、夢と希望を持っている人のように見えます。

5 元気そうに、幸せそうに見える

寝不足だったり、疲れていたりすると、肌はカサカサしてきます。反対につやつやした肌は、いかにも元気そうな印象。いつも元気で、ニコニコしている人は幸せそうです。

6 素肌のように透明感のある肌

「つやメイク」では、ファンデーションはごく薄く、シミなどはコンシーラーでカバーします。そのせいで、素肌のように見えるのに、シミが目立ちません。ファンデーションでカバーしようとすると、厚塗りに見えたり、疲れてカサカサの化粧のりが悪いときは、かえって小ジワが目立ったりすることも。ファンデーションを薄く伸ばす「つやメイク」では、そんなこともありません。

7 品よく見える

濃いメイクは、あまり品を感じさせません。一時渋谷の女子高生の間で濃いファンデーションで顔を黒くし、目の周りを白く塗る「ヤマンバメイク」がありましたが、上品に見えるかといったら、それはちょっと疑問でしょう。女優さんを見てもわかるように、品よく見える人のメイクはナチュラル。「つやメイク」は、顔立ちが美しく、上品に見せる効果もあります。

8 お金持ちに見える

カサカサした肌は、いかにも疲れて、苦労が多そう。お金持ちの人は肌の手入れに余念がありません。つやつや肌こそ、お金持ちも憧れる肌。つまり、そんな肌をしていると、余裕のあるお金持ちに見えるというわけです。

9 十歳以上若返る

疲れた顔は老《ふ》けて見えます。逆に、いつもはつらつ元気いっぱいの人は、クラス会に行っても、「全然変わらないね」と言われているはず。つやつや元気に見せる「つやメイク」は、その人を十歳以上若く見せる効果もあります。

10 幸せな天国顔になる

つやつやキラキラの自分の顔を見れば、だれでもニッコリ。笑顔も自然に生まれます。これはもうだれが見ても、幸せな天国顔。「つやメイク」は運を開く開運メイクでもあるのです。

何より大切なのは、つや！

メイクはあまり自信がないという人は、オイルを塗るだけでもやってください。だって、何より大切なのは「つや」。一人さんにも、こう言われました。

「はなゑちゃん、幸せになるのに、いちばん大切なのは人相なんだよ。人相というのは、顔のつくりやホクロの位置じゃない。つやがあるか、ないか。それだけなんだ」

実際、私もつやメイクを完成させるまで、ずいぶん時間がかかりました。それまでは「つや」を出すことだけ心がけていたのですが、それでも次々に奇跡のようなことが起こりました。

まず、あれほど暇だった「十夢想家」にお客様が、どんどん来るようになったのです。「通りがかりに、ふらっと」というお客様もいれば、「はなゑさんの顔が見たくなって」と、これまでもときどき来てくださった方が、頻繁に顔を見せてくれたり。

「何だかいつも元気でいいね。こっちの気分まで明るくなっちゃうよ」なんて、言われたりしたこともありました。

考えてみれば、私だって、仏頂面《ぶっちょうづら》の疲れた顔をした店員さんがいる喫茶店より、いつも元気で、笑顔で迎えてくれる店員さんのいる喫茶店でひと休みしたいと思います。いくらおいしくても、仏頂面の店員さんがいれるコーヒーは、ちょっとね……。それに、不思議なことに、仏頂面の店員さんより、笑顔の店員さんがいれてくれるコーヒーのほうがおいしいんですよね。

私も一生懸命コーヒーのいれ方を勉強しました。だって、せっかく来てくださったお客様にまずいコーヒーを出したりできないもの。もちろん、それまでだって、一生懸命いれていました。でも、人間って、「いつも幸せそうだね」「はなゑさんと話していると元気が出るよ」なんて言われると、ついうれしくて、それまで以上に張り切ってしまうものなんです。

おかげで、いつもお客様で賑《にぎ》わう喫茶店になりましたが、私はもっともっと幸せになりたかった。ある日、一人さんが、珍しく女性と「十夢想家」にやって来ました。シャネルのパンツスーツに身を包んだその人は、とても華やかで、バリバリ仕事をするキャリアウーマンという感じ。とてもキラキラしていて、あんな人になりたいと思いました。

そこで次の日、「十夢想家」にやって来た一人さんに言ってみたのです。

「昨日、一人さんが連れてきた人、すごく素敵だった。私もあんなふうになりたいなあ」

すると、一人さんはこう言ったのです。

「なれるよ。はなゑちゃんも、うちの仕事、やってみるかい?」

一人さんが連れてきた女性は、まるかんの社長の一人、柴村恵美子さんだったのです。

私に迷いはありませんでした。「十夢想家」を閉め、一人さんの仕事を手伝うことにしたのです。

そして、夢にも考えてみなかった、実業家に……。いつからか、東京・江戸川区の高額納税者番付の上位にも名前があがるようになったのです。

つやメイクは本来の自分を取り戻すメイク

こんなにいいことばかりあるはずがない？　でも、実際そうなんです。私だけではなく、「つやメイク」を施した人には、あまりに次から次へ、いいことが起こるので、このメイクを「開運メイク」と呼んでいるほどです。

メイク講習会ではいつも、お客様に演壇に上がっていただき、私のメイクを体験していただいているのですが、そのビフォー・アフターの変化に、毎回会場がどよめきます。

何度も繰り返しますが、「開運つやメイク」に、とくにむずかしいところはありません。大切なのは、「つややかな肌に仕上げる」ということで、決して「顔を作っている」わけではありません。むしろ、ふつうのメイクから比べたら、断然「開運メイク」のほうが薄いくらい。

それなのに、会場からは、毎回「おー!」「すごい」「きれい!」という驚きの声が上がり、仕上がった顔を見たご本人も、

「これが私!? いつもの顔と全然違う!」

満面の笑みをたたえて、こう言われます。

一人の変貌《へんぼう》ぶりを見ると、「私も」「私も」と、メイク希望者が殺到します。「みんなの見ている前でお化粧されるなんて」とか、「私なんか、お化粧しても、たいして変わらないし……」などと、最初はしりごみしていた人も、目の前で〝激変〟する人たちを見て、「このチャンスに、私も!」と、列に並び始めたりします。結局、参加者全員のメイクをして、夕方から始まった会が終わったのが、午前三時ということも。

ところで、私が提案する「つやメイク」は、素顔に近いナチュラルメイク。ベースメイクにしても、ごく薄いし、アイメイクやリップメイクにしても肌になじむ色が基本。眉の形だって、本来の眉の形に整えるだけで、とくに作ったりしていません。チークだって、もともと頬の赤いところにほんのり入れるだけ。

つまり、その人本来の素顔を生かしたメイクということになります。それなのに、どうして、会場全体がどよめくほど印象が変わるかというと、今までのメイクが本来の自分の「良さ」を消した、顔を作っているものだったから。メイクアップならぬ、メイクダウンしていたわけです。

そして、もう一つ、今までのメイクと大きく違うところは、何より「顔のつや」を大事にしているということ。肌ももちろんそうですし、目元にも口元にも「つや」と「輝き」を与えます。

その結果、「つやメイク」を施した人はみんな、肌は生き生き輝き、目元には力強い光が感じられるようになって、いかにも「張りがある毎日を、楽しく、自信を持って生きている顔」になるのです。今まで隠されていた生きるエネルギーが現れるメイクというのでしょうか。エネルギーいっぱいの自分の顔を発見して、みんな心まで変わっていくのです。

天国顔と地獄顔

メイクだけで、そんなに変わるなんて信じられない？　でも、これは当然のことなのです。

「人には、似合わないことは起こらない。
幸せは、幸せそうな顔をしている人のところにやってくる。

不幸は、不幸そうな顔をしている人のところにやってくる」

これは、一人さんがよく言う言葉です。
幸せそうな顔とは「天国顔」、不幸そうな顔というのは「地獄顔」のことです。
「天国顔」とは、

●いつもニコニコ、口角の上がった顔
●シミやくすみのない顔
●シワのない顔
●引き締まった顔
●つやのある顔
●ハリのある肌

ね、これは全部「開運つやメイク」に当てはまっているでしょう。
反対に天国に絶対いそうもない「地獄顔」というのは、

●口角が下がった顔

怒った顔も、悲しい顔も、みんな口角が下がった「へ」の字の口元。不機嫌そうで、いつも不平不満があるように見えます。

●くすんだ顔

くすんだ顔は、くすぶった状態が似合います。

●クマがある顔、カサカサの顔

とても疲れている感じですよね。疲れた人は天国にいません。

●シワの多い顔

シワが多い人は努力家ですが、苦労人。一難去って、また一難という具合に、次々に苦労の種をしょいこみます。とくに眉間《みけん》の縦ジワはよくありません。

また口の周りのシワは、経済難にあう相。確かに口元が貧弱だとお金持ちに見えません。

笑顔で筋肉トレーニング

今はどんなにたいへんでも、ニコニコ幸せそうな顔をしていれば、絶対その人は幸せになります。反対に、はたから見れば経済的にも人間関係も、とても恵まれているように思えるのに、不幸そうな顔をしている人は、そのうち経済的にも人間関係も失ってしまうのです。幸せそうな顔をして不幸になることはできません。そして、不幸そうな顔をして、幸せになることもできないのです。

顔が人生を決めると言っても過言ではありません。

私の経験からも、顔は地獄顔だけど、話してみたら幸せだったという人はいません。地獄顔の人は、やっぱり実生活でも何か問題を抱えるなど、幸せとは言えない状態なのです。

私たちの仲間に『斎藤一人　無から有を生み出す成功法則　実践版』(大和書房)という本を書いた尾形幸弘さんという人がいます。居酒屋さんのオーナーなのですが、一人さんがもし居酒屋だったらどうするだろうと考えて、いろいろなことをしたそうです。その一つが「二十四時間笑顔でいる」ということ。これ、けっこうむずかしいんです。顔には感情が表れるから、ムッとすれば笑顔にならない。たとえ、ムッとしたときでも笑顔に見せるためにはどうしたらいいか考えた末、口角をいつも上げているようにしたそうです。そうしたら、「何かいいこと、あったの？　笑って歩いていたでしょう？」などとお客様に言われるようになったし、お客様もすごく増えたそうです。

尾形さんじゃないけど、私もつねに口角を上げているよう、心がけています。しょっちゅう鏡を見て、笑顔のチェック。そのうちそういう顔をしているのがクセになっちゃったみたい。

口元が「へ」の字の人も、練習すれば絶対口角は上がってきます。そうすると、幸せそうに見えるだけじゃなくて、若々しくも見えるんです。

年齢を重ねていくと、顔もたるんできますよね。だから、口角も下がりがちになるんです。私も、油断したとき（?）撮られた写真を見ると、あまりに老けて見えるので、自分でもびっくりするくらい。反対に、キュッと口角を上げると若々しい印象。だから、つねに意識して、笑顔、笑顔。

ついでに言うと、眉間にシワを作っている人も、幸せになれません。一人さんいわく、ここは第三の目があるところ。眉間を開いていると、いいアイデアがポンと生まれるんだそうです。眉間にシワを作っているということは、第三の目を閉じているということ。いつも開いて、太陽の光を当ててください。明るいエネルギーが入ってきます。

楽しい気持ちになれば天国顔に！

こんなご夫婦がいらっしゃいました。五十代半ばのご夫婦なのですが、ご主人がリストラされ、再就職したものの、以前の会社と比べれば従業員の数も少なく、ご主人としては、「大会社に勤めていた自分が、なぜこんな小さな会社に……」と、鬱々《うつうつ》とすることも多かったのでしょう。イライラして、怒りっぽくなり、家族は腫《は》れ物に触るような感じで接するようになりました。その方は営業職だったのですが、「なぜこんな会社に」と思いながら営業しても、成績が上がるはずはありません。家族からも会社からも、なんとなく浮いたような感じになり、それがまた気持ちを鬱屈させていきました。

そんなご主人を見て、奥様は「このままじゃいけない」と思ったそうです。奥様は、もともと斎藤一人さんのファン。一人さんの講演があると聞いて、ご主人を誘って来てくださったのです。講演後、ご挨拶《あいさつ》に来てくださって、こんな話をされるのです。

「一人さんのお話は本当に楽しくて、講演中、ずっと笑っていました。講演が終わって、さあ、帰ろうと、隣の主人の顔を見たら、目の横にあった大きなシミが消えているんです。もう、びっくりしました」

そう言われて、私たちがご主人の顔を見ると、確かに左目の横にうっすらとシミらしきものが……。私たちは、講演を聞く前のご主人のシミを見たわけではないので、どれくらい薄くなったのかはわかりません。けれど、わざわざ言いに来てくださるほどなのですから、薄くなったことは確かなのでしょう。

奥様が話す横で、ご主人は終始ニコニコと笑っておられます。とても奥様が話すような、地獄顔だった人とは思えません。幸せな気持ちになれば、自然と天国顔になるということを証明してくれるようなお話でした。

人には、似合わないことは起こらない

楽しいことを考えていると、自然に笑顔になります。嫌なことを考えていると、自然に地獄顔になります。

反対に、笑顔で嫌なことは考えられないし、嫌なことを考えながら笑顔でいるのはむずかしいものです。

久しぶりに友人に会って、その人の肌がカサカサしていたらどうでしょう？　「疲れているのかしら？」「おうちの商売、うまくいっていないのかしら」「肌のケアをできないほど、心の余裕がないのかしら」……いろいろなことを考えてしまいますよね。悲しいことに、実際そのとおりのことが多いのです。

では、この人が「開運メイク」を施したら……？

メイク前は地獄顔の典型のようだった人も、メイク後にはつやつやの天国顔に大変身。本人が、「これが私の顔!?」と驚くほどです。「私なんか」と思っていた人が、何だか自信満々になって、自然と笑顔がこぼれるようになるのです。こうなったら、しめたもの。幸せ街道まっしぐらです。

幸せな人の顔を思い浮かべてみてください。ニコニコとほほえみを絶やさず、肌はつやつやと輝いているでしょう。幸せな人は毎日が楽しいから、自然に笑顔になります。張りがある毎日を送っていると、肌にもハリが出て、つややかで、幸せオーラが立ちのぼってくるようです。「つや」は幸せオーラの一部と言っていいかもしれません。幸せじゃない人は、自分から幸せオーラを出すことができません。オイルは、オーラを補うものと言ってもいいでしょう。

暗い、疲れた顔の人が家や職場にいるより、天国顔の人がそばにいたほうが周りの人も絶対幸せ。買い物をするのだって、くすんだ不機嫌そうな顔の店員さんのお店へ行くより、笑顔の素敵な、元気な店員さんのお店に行きたくなっちゃいますよね。本人にしても、みんなに「いつも元気でいいね」「何かいいこと、あったの?」なんて言われていたら、うれしくなって、幸せな気分になるでしょう。

幸せそうにしていると幸せになる、人には似合わないことは起こらない……これは本当のことなのです。

開運メイクで、幸せが雪崩をうってやって来る

私のメイクが、なぜ「開運メイク」かというと、どんな地獄顔の人でも、天国顔になってしまうから。演壇に上がるまでは、地獄顔だった人も、メイクが終わったとたん、つやつやニコニコの天国顔になります。そして、どんどんツキを手にして本当に幸せになっていっているのです。というか、施した瞬間から変わる人もいます。

たとえば、うつむき加減だった人は、参加者の前に、誇らしく顔を上げるようになります。おとなしく、蚊の鳴くような声で話していた人が、メイクをし終わったとたん、声のボリュームが上がって、自分の夢を語りだしたり、メイク前とメイク後では、性格まで別人のようになるのです。

「えー！　これが私？　信じられなーい」

ということから始まって、うれしくて自然に笑顔がこぼれ、会場に向かって、「やったー!!」と両手でVサインを送る人まで現れるほど。

「好きな人に告白する勇気がわいてきました」

という人もいれば、

「就職試験に受かるような気がします」

「早く帰って夫をびっくりさせたい」

などなど、みんな前向きになるのです。

開運メイクをしてあげた人から、ときどきお手紙をいただくのですが、私も驚くくらい、みなさん幸せになっているのです。

素敵なパートナーが見つかった、主人がやさしくなった、彼からプロポーズされた、お姑《しゅうとめ》さんとうまくいくようになった、職場の人気者になった、夢に向かって歩きだした……、もう、本当にいろいろです。

でもね、そうなるのは当然なんです。開運メイクできれいな自分に出会った人は、メイクをするのが好きになります。一日に何度も鏡を見て、もっときれいになりたいと願い、ファッションにも興味を持ち始めます。

「メイクなんて、してもしなくても変わらない」「何を着ても同じ」なんて、投げやりな気持ちで毎日を過ごすのと全然違うでしょう。それまで粗末に扱っていた自分を、大切にするようになるんですもの。

あなたは自分が好きですか？

なぜ、こんなことが起こるのか、種明かししましょうか？　それは開運メイクをきっかけに、自分を大切にすることを知ったからです。世間は、あなたが思っているとおりに、あなたを扱います。お化粧もきちんとしないで、どうでもいい服装をしているなど、自分を粗末に扱っている人は、世間も粗末に扱うのです。

反対に、きちんとメイクをし、服装に気を遣って、自分を大切にしていれば、周囲の人もあなたを大切に扱うようになるのです。

私は自分が大好きです。だから、自分をもっともっときれいにしてあげようと思うし、幸せになってほしいと思います。

私が自分を好きなのは、たぶん、親がそう育ててくれたからでしょう。本当に感謝しています。

私の両親は、私を頭ごなしに怒鳴《どな》ったことはありません。叱《しか》られることはありましたが、納得のいかないことで怒られることはありませんでした。いつも私の味方で、私を信じてくれていました。

「好きなことをしてもいいぞ。でも、友だちは大事にしろ。自分でちゃんと責任はとれよ」

そんなことを、やさしく言うくらい。「元気に学校に行っているのがいちばん」と、成績より、仲間とうまくいっているかを気にしていたくらい。本当に伸び伸びと育ててくれました。

そのせいなのか、へんな自信があるのです。根拠なんて、まったくありません。けれど、私は絶対大丈夫だし、人から嫌われたりしないと思っているのです。こんなことがありました。ある人が、

「相手が気にすることを言っちゃったかも。どうしよう……」

と、悩んでいるのです。だから私は言いました。

「気になるなら聞いてみたら？　そして『私が言ったことで、傷つけたのだったらごめんね。悪気はなかったの』って謝れば？」

私だったら、それで解決です。でも、その人は違いました。

「あんなことを言った私を嫌いになったかもしれない」

と、まだ悩んでいます。「そうか！」と思いました。私は、私のことを嫌う人がいるなんて考えない。だから言ったことに対して謝らなければいけないと思うけど、そのことで自分が嫌われたなんて考えないんです。グチャグチャ考えないから、素直に謝れるんです。で、「次からは気をつけよう」と思う。それで終わりです。

問題が起こっても、解決するスピードが速い。「へんな自信」があると、思い悩むことが少ないから、いつも元気でいられます。

そうは言っても、中には私とは違う育てられ方をした人もいると思います。もし、そのことで自信を失っていても、それは根拠のないものなんです。あなたはそのままで、とっても価値のある方です。もし、お子さんを育てることがあったら、どうか子供を信じて、見守ってあげられる素敵なお父さん、お母さんになってください。

「自分を許します」と言おう

自分がこういう人間だから、みんなもそれぞれ自分のことが大好きだと思っていました。でも、違うんですね。小学生を対象にした、あるアンケートでは、自分のことがあまり好きじゃないという子が三〇パーセント以上いたと聞いたこともあります。

こんな人がいました。その人は、名前を言えば、だれもが知っている大学に通っていて、成績優秀。性格もいいし、見た目だって十人並み以上。天は二物を与えずと言いますが、彼に会ったときは、二物も三物も与えられる人はいるんだなあと思いました。それなのに彼は「自分なんか全然好きじゃない」と言うのです。

彼には弟がいました。弟くんは成績はまあまあ。優秀とは言えないようです。小さいころから家のお手伝いをするのはお兄ちゃん、勉強をするのもお兄ちゃん。でも、親は弟ばかりを可愛がったというのです。こういうことって、よく聞きます。

親といっても人間。子供に対しても相性が合う子、合わない子がいるようで、お兄ちゃんが一生懸命勉強しても、親の言うことに素直にしたがっても、親が可愛がるのは、できの悪い弟。お兄ちゃんは何をやっても認められないため、だんだん自分が嫌いになってしまうというわけで、このような人も少なくないようです。

逆のケースもあります。それは親に「犬可愛がり」された人。「猫可愛がり」とどう違うのかって？　全然違います。猫は自分が気が向いたときだけ飼い主にすり寄ります。自分の気が向かないときは、えさや寝床を与えてくれる飼い主に対しても、知らんふりです。飼い主もそれでいいと思っている。元気で、たまに一緒に遊んでくれたら、それでＯＫ！

「犬可愛がり」は違います。「お手」と言ったら、「お手」、「待て」と言ったら待つ、飼い主の言うことを聞くと「いい子、いい子」。もちろん、そうじゃなく、心から犬を可愛がっている飼い主さんも、たくさんいらっしゃいます。

でも、自分の言うことを聞く子を可愛がる、子供を「犬可愛がり」している親御さんもたくさんいるんです。そんな親の子供は、親の期待に沿うために一生懸命です。親の喜ぶ顔が見たいから、親が決めた学校に入り、真面目《まじめ》に勉強する。塾にも通う。親の期待に沿えているうちはいいけれど、沿えなくなるときもくるでしょう。真面目な子であればあるほど、そういう自分が嫌いになる、どうしていいかわからなくなる。できない自分が許せなくなってしまうんです。

自分の顔が好きじゃないという美容師さんもいました。髪をカットしてもらうときって、美容師さんと鏡ごしに話すでしょう。自分の顔を鏡に映して、鏡に映った相手の顔を見ながら話しますよね。でも、その美容師さんは全然鏡を見ないんです。鏡を見るのが嫌だと言うのです、きれいな顔をしているのに。「もしかしたら」と思ったので、聞いてみました。

「自分の顔が嫌いなの？　嫌いじゃないけど、あんまり見たくないの？　もしかしたら、自分のことが好きじゃないんだ？」って。そうしたら、彼女、「そうなんです」と、小さな声で言うのです。

自分のことが好きじゃない人は、「僕なんか」「私なんか」と思っているから、いくら「つやを出すと幸せになるよ」と言っても、やろうとしません。好きじゃない自分が映るから、鏡だって、あまり見たくないんです。でも、プロローグでも書いたように、鏡は自分の姿を見て、外見や内面に隠れている「我《が》」をとるために使うもの。一日に何度でも見たほうがいいのです。

こういう人が、自分を好きになるためのおまじないがあります。それは「自分を許します」という言葉。自分を好きじゃない人は、自分で自分を許せない何かを持っているからです。

その美容師さんにも言いました。「一緒に『自分を許します』と言ってみようか」って。でも、言えないんです。紙に書きました。「読むだけなら言えるよね」って。それでも言えない。

「気持ちなんか込めなくていいから。ただのセリフだと思って、言ってみて」

そうやって、やっと言えたときには涙を浮かべていました。

試しに言ってみてください、「自分を許します」って。何の抵抗もなく言えた人は大丈夫。言えない人は、紙に書いて、セリフだと思って、言ってみてください。言えたときは、心がちょっと軽くなっているはずです。

気持ちの切り替えにはメイクがいちばん！

自分を許せない人って、実はたくさんいるんです。人生には「自分が許せなくなる」ワナがいっぱいだから。親との関係もそうですが、たとえば、運動会でビリだったことに傷ついて、「自分はダメな人間なんだ」と落ち込んでいる人もいます。たぶん、ビリになったとき、友だちかだれかに何か言われたんでしょう。だけど、オリンピック選手になるわけじゃなし、足が遅くて社会で困ることは何一つありません。自分の人生に何も関係ないところで、落ち込んだり、悩んだりしている。そんなことに悩んでいるなんて、本当にバカバカしいことなんです。

「私はブスだから」と言う、可愛い女の子にも会ったことがあります。私から見れば、十人並み以上の容姿なのに、いったいなぜブスと思い込んでいるのかわかりません。だれかに何かを言われて、そう思い込んでしまったのかもしれません。

「ダメな人間だ」とか、「ブスなんだ」というのは自分の勝手な思い込みなんだと思えるようになるのがいちばんいいのですが、それには時間もエネルギーもかかります。幸せになるのが、どんどん先になってしまう。ダメな自分でもいい、このままの自分を大切にしてあげようというのが「自分を許す」ということなのですが、これもなかなか言えません。思っていなくても、書いてあるものを読むだけなのに、言えない人がいるんです。

そんな自分を許せない、自分を好きになれないという女の子に開運メイクをしてあげたことがありました。

「ほら、きれいになったでしょう」

私がそう言うと、その子は鏡の中の自分にびっくりして見つめました。「自分を許せない」人の中には、「私なんかにきれいなお化粧は似合わない」「どうせ私なんて」と思っている人がいます。みんなの邪魔にならないように、ひっそりと生きていきたいなんて思っている。だけど、それでは幸せになることなんて、できません。

それなのに、きれいな自分が鏡の中にいる……彼女は複雑な思いで鏡を見つめていたのだと思います。そのうち、

「○○ちゃーん、きれいよー！」

と、会場から声が上がりました。その声が呼び水になったように、会場全体が「きれい」「きれい」の大合唱。

と、突然、彼女は泣き出してしまったのです。それは彼女が、「本当は私だって、きれいになれるんだ、幸せになれるんだ」と気づいた瞬間でした。

「どう？　自分でもきれいになったと思うでしょう？」

そう聞く私に、「はい」と小さな声で答えました。

「自分のこと、許せる気になった？」

「はい、少し」

「あなたはとってもいい子に思えるけどなあ。人のことを気遣えるし、やさしいし。何でもかんでも自分で背負わなくていいんだよ。たまには人のせいにしたって、いいんじゃない？」

私の横で彼女は泣き続けます。

「あなたみたいにやさしい子がいたら、みんな好きになると思うけど。あなただって、やさしい人が嫌いじゃないよね？　その子が自分のことを嫌っていたら、『私は好きだよ』っ

て言うでしょう？　それと同じ。じゃあ、言ってみようか？　『自分を許します』『自分が大好きです』。せーの！」

「自分を許します、自分が大好きです！」

そう言い終わったときの彼女は満面の笑顔でした。

メイクは、それまで気づかなかった、その人の魅力を短時間で、本人にも周りの人にも見せることができます。「ダメだ、ダメだ」と思っていた人も「あら？」と思う。とても簡単に自信をつけることができるのです。だから、それまで絶対言うことができなかった「自分を許します」「自分が大好きです」という言葉も言うことができるようになるのです。

根拠のない自信がいちばん！

逆に「私は世界一の美人」と思い込んでいる女の子も知っています。その子は、高校を卒業するまで、「テレビに出ているアイドルより、自分のほうが絶対可愛い」と、本気で思っていたそうです。なぜかといえば、父親に「おまえは本当に可愛い。世界一可愛い」と言われて育ったから。高校を卒業して、世間がちょっとわかったころから、「世界一可愛いわけじゃない」と思うようになったそうですが、明るくて、とてもチャーミングなお嬢さんです。

一人さんが冗談で言うことに、

「地味な美人より、派手なブス」

というのがありますが、これは絶対そう！　暗い考えをしている美人より、明るくてはつらつとしている女の子のほうが、一緒にいて楽しいもの。暗い顔をしていたら、美人だって台無し。

「もっと自分に自信を持って！」と、声を大にして言いたいところだけど、マイナスの思い込みにとらわれた人が自信を持つことは、なかなかできないようです。だいたいこういう人は、「そんなことを言ったって、私なんか何も取り柄《え》がないし、自慢できるところなんか何もない」とか言うのです。そんなことを言ったら、私だって運転はできないし、飽きっぽいし、頭だって特別いいわけじゃありません。できないこともたくさんあるけど、それで日々困っているわけじゃないし、何でもできるスーパーウーマンよりも、むしろ欠点があるほうが愛嬌《あいきょう》があっていいじゃないかとさえ思っています。

根拠のある自信を持っている人なんて、本当にまれ。自信なんて根拠がなくていいのです。なぜかわからないけど、自信満々。だから、目もキラキラ輝いているし、肌もつややかで元気いっぱい。

自分のいいところに目を向けず、「私なんか」と思っている人も、自信満々になってほしい。それが、私が開運メイクをみんなに知ってほしいと思った動機です。

開運メイクは、どんなに元気がない人でも、山のように悩みを抱えている（と思っている）人も、たちどころに幸せな天国顔にする、魔法のメイクです。

つやつや輝いた顔を見ると、それまで悩んでいたことが急にどうでもいいことに思え、目の前にかかっていた暗雲がパーッと開けた気持ちになります。

自信なさげに下ばかり向いていた人が、突如《とつじょ》として顔を上げ、夢を語り始めます。目立たないように生きていたいと思っていた人が、だれでもいいから顔を見せたくて、コンビニに飛び込んでしまうようになります（本当に講習会のあとコンビニに立ち寄った人がいて、その人は生まれて初めて、そこのコンビニで男性から声をかけられたそうです）。そして、その後もいいことが雪崩のごとく起きるのは前述したとおりです。

ちょっと自信を失っているあなたも、今の状態が何だかイマイチと思っているあなたも、ぜひ「開運メイク」を試してみてください。

Chapter3

体の中からつやを出して、健康美人に！

むくみ、低体温、クマ、生理痛……いつも具合が悪かった私

開運メイクで、気持ちが元気になったら、ぜひ体も元気にしてほしいものです。何といっても、肌を作るのは食べ物。バランスの悪い食事をしていると、肌に必要な栄養も不足し、肌はどんどん老化してしまいます。

それに栄養不足は、精神面にも悪影響を及ぼします。何だかエネルギーがわいてこない、根気がない、集中力が続かない、悪い方向にばかり考えてしまう、その結果すぐ物事を投げてしまって、「私なんか」と思う……心のせいかもしれないけれど、単なる栄養不足ということもあります。しかも、ストレスを抱えていると、ホルモンのバランスがくずれ、肌の大切な栄養素であるビタミン類やコラーゲンなどが、どんどん消耗されていきます。

つまり、栄養不足になると、精神的にももろくなり、そのおかげでストレスにも弱くなり、肌もボロボロ、と、悪循環に陥ってしまうのです。

では、三食きちんと食べていれば大丈夫かといえば、悲しいかな、そういうわけにもいきません。今は豊かな食生活になったといいますが、豊かすぎて、少々栄養バランスが悪

くても、日常生活を送るには不自由ありません。体があちこちで悲鳴をあげているのに、気づかない。事実、私がそうでした。

私は好き嫌いはないし、母が毎日料理を作ってくれていたので、それほどひどい食生活ではなかったと思います。けれど、小さいときから、「大丈夫？　気持ち悪いの？」と聞かれるぐらい顔色が悪かったんです。大人になって献血にも行きましたが、血液の比重が軽くて、いつも採血してもらえない。小学生のころから血圧が低くて、朝はいつも目覚めが悪い。パッと目が覚めるということが、どういうことかまったくわかりませんでした。

クマもひどくて、十八歳ごろから、「おまえ、変わった化粧してるね」なんて言われるぐらい、いつも目の下が真っ黒でした。あまりに顔色が悪いので、ファンデーションをつけずにはいられない。当然厚塗りです。

生理痛もひどくて、起きられないということはないけれど、やっと歩いているという感じ。冷え性で、むくみもひどい。中学生ごろから、朝起きると顔がむくんでいて、夕方の私とはまったく違う顔。夕方になると、水分が下にいくのか、足がパンパンにむくんでいました。「足首は、どこ？」という感じ。外岡はなゑといえば、脚が太い女の子。そんなイメージでした。そのうえ、不眠。

「十夢想家」を始める前は、臨床検査技師として病院で働いていたのですが、低血圧と不眠が重なって午前中なんか仕事にならないくらい。ボーッとしていて、心電図をとるベッドに何度自分が横になりたいと思ったことか！

こうやって書いているだけで、ひどい状態だったんだなと思います。でも、当時は自分が具合悪いなんて思っていなかった。「これが私」と思っていたんですね。

当時はダイエットしても全然やせないし。

食べないんですよ。でも、やせないんです。

食事を変えたら、クマもむくみも、みんな消えた！

こんな話をすると、みんな、「ウソでしょう」と言います。確かに今の私は絶好調。一人さんや社長さんたちと観音参りに行くときは、朝六時には起きるのですが、パッと飛び起きて、そのまま朝食のお膳に。朝からモリモリいただきます。

クマはいつの間にか消えちゃうし、お肌もつやつや。あんなにファンデーションに頼っていたのに、時間がない朝など、ほとんどスッピンで出かけてしまうくらいです。

むくみもなくなりました。今は、全体のバランスからいったら、脚は細いほうになりました。生理痛もありません。

どうして、こんなに健康になれたのか？　食事を変えたからです。

好き嫌いなく、母が作ってくれる家庭料理を食べていた私ですが、一人さんに会うまでは、栄養のことなど考えたことがありませんでした。好きなものを好きなだけ食べる毎日。「太ってきたな」と思ったら、食事を抜いて……。気づかないうちに栄養が偏っていたんでしょう。

よく、一日に必要な栄養素は……などと紹介されますが、あれはあくまでも目安。たとえば、便秘がちな人は、ふつうの人に比べて食物繊維を多く摂《と》ったほうがいいとか、貧血ぎみだったら鉄分を多くなど、体質によって、必要な量も違ってきます。

ふだん健康な人が、貧血になったりすると、食事のこととか、毎日の過ごし方を振り返ってみるのでしょうが、何しろ私は子供のときから、調子が悪いのが当たり前。「こんなものだろう」と思って過ごしていたのです。

でも、違いました。体に必要なものを摂ると、これほど元気になるのかと、私自身、驚いています。そして、一人さんに教えられた「体に必要なもの」は、意外なものでした。

では、私の健康法を、ちょっとご紹介しましょう。

何よりも大事なことは、腸をきれいにすること

美容と健康のために、いちばん大切なことは、腸をきれいにすることです。

腸は、食べたものを消化し、栄養を吸収し、腸から吸収されたたんぱく質によって血液が作られます。いわば植物にたとえると「根」のような部分。それなのに、老廃物をためたままにしておくと、それが発酵してアンモニア、アミン、硫化水素などの有害物質を発するようになります。せっかく体にいいものを食べても、腸の壁に老廃物がべったりついていては、栄養はなかなか吸収されませんし、有害物質も一緒に吸収してはたいへんです。

腸は肌の裏返しとも言われます。腸が汚れていると、きれいな血液が作れないため、肌はくすみますし、老廃物を出そうと吹き出物もできやすくなります。

腸に老廃物をためないためには毎日最低一回はお通じがあることが基本です。便秘気味だからといって、クセになる便秘薬はおすすめできません。

腸をきれいにするためには、何よりバランスのいい食事。腸の調子が悪い人は、繊維質の多い食べ物やミルクオリゴ糖を摂ることをおすすめします。乳酸菌は腸の中の善玉菌

で、腸の中の腐敗を抑えたり、腸の運動を促進して便秘を防いだり、健康な腸のためになくてはならないものだけど、この乳酸菌のえさとなるのがミルクオリゴ糖。ヨーグルトに入っていることもあるし、健康食品の中にも入っていることがあります。

もう一つ、腸をきれいにするためにおすすめしたいのが、はと麦です。漢方ではヨクイニンという名前で知られていますが、繊維質たっぷりで、しかもお肌の新陳代謝を促す作用もあると言われています。はと麦茶というのがあるけれど、腸の調子をよくするためには、ごはんと炊くといいでしょう。

もちろん、野菜もたっぷり食べてくださいね。

野菜不足になりがちな外食はできるだけ避けたほうがいいのですが、では、家で食事をすれば必要な栄養がきちんと摂れるかというと、むずかしいですよね。家庭によって、よく作るおかずと、あまり作らないおかずがあるし、バランスよく作ってくれたとしても、好きなものをやっぱりたくさん食べちゃうだろうし……。ちなみに私の家では酢の物はあまり出ませんでした。お酢をあまり使わなかったかも……。外食がよくないとわかっていても、仕事などの関係で外食が続いてしまうこともあるし。

そんなときはサプリメント。今は野菜も昔と比べて栄養が減っているというでしょう。私は毎日の自然なお通じのためにサプリメントを欠かしません。

まず腸をきれいにすることがスタートです。

一日に生卵一個とお酢一杯で肌に張り。ダイエットにも効果的！

一人さんが私に、「できるだけ摂るといいよ」と言ったのは、生卵一〜二個と、スプーン一杯のお酢。

こんな健康法、聞いたことがない？　でも、日本には古くから、お酢に卵を漬け込んだ「酢卵」というものがあって、とても健康にいいと言われているのです。

それにしても、生卵とお酢……意外でした。

卵は、良質なたんぱく質が含まれているだけでなく、ヒヨコが生まれるまでに必要な栄養がすべて含まれている完全栄養食品。ただし、血液を酸性にしてしまうので、それを中和するためにスプーン一杯のお酢を飲んだほうがいいということでした。

生卵にお酢を入れて飲んでもいいということですが、私の好みにはちょっと合わないので、私はお酢をサプリメントで摂っています。生卵は飲んでもいいし、卵かけごはんにしてもいい。納豆に混ぜても、何と混ぜても、どんな食べ方をしてもいいんです。朝昼晩いつ食べてもいい。

やってみました。そうすると、不思議なことが起こりました。まずトイレが近くなる。

体に含まれていた水分が出るんでしょうね。

食べなくてもやせないのは、たんぱく質が不足しているからだそうです。たんぱく質が不足すると、細胞がゆるんできます。食事を制限するダイエットをすると、おなかが空くから、空腹を紛らわせるために水を飲んだりしますよね。そうすると、ゆるんだ細胞の中に水分がたまって、食べていないのに、体重は変わらないということになるそうです。

やせにくく、太っているのに栄養不足。そういう人の特徴は、太っているのに貧血。体温が低くて、脚がむくみやすくて、朝起きたとき、顔がはれぼったい人。まさに私です。

食べていないのにやせない人は、食生活を見直して。栄養不足で体が悲鳴をあげているかもしれません。

生卵とお酢を続けたせいか、今やむくみ知らず。「はなゑちゃんは、脚が細くてうらやましい」などということも、言われるようになりました（あくまで、ほかの部分に比べたら、ということですけど）。

生卵とお酢で激変したのは、それだけではありません。肌の調子が変わりました。張りとつやが出てきたんです。

出張が続いたりして、一週間ぐらい生卵が食べられないときなど、生卵とお酢の効果を痛感します。だって、食べていないと、頬がゲソッと、こけてきて、なんとなく目元もたるんでくるのですから。鏡を見たとたん、「ヤバイ！」という感じ。こうなったときは、一日に卵を二個食べるようにしています。一週間ほど続けると、張りが戻ってくるのです。

肌が疲れてきたな、老けた感じがすると思ったときは、集中的に摂るようにしています。生卵とお酢で、そんなに変わるなんて信じられないでしょう。でも、本当なんです。試してみてください。

そうはいっても、毎日生卵を食べていると、飽きることもあります。そんなときは、きなこ牛乳。コップに二センチぐらいきなこを入れて、牛乳を加えて、よく混ぜる。きなこの原料は大豆だから、たんぱく質も、女性ホルモンによく似た働きをすると言われる大豆レシチンも豊富。体にもすごくいいんです。

肌はもちろん、体を作るのはたんぱく質。ごはんとおしんこだけですませちゃったなんていうことがないように、毎日卵だけでなく、お肉やお魚など、きちんとたんぱく質を摂ってください。

ごま油と、にんじんジュースでつやつやお肌

冬になると、腕や脚が白く粉を吹いたみたいになりませんか？　それは絶対オイル不足。油を積極的に摂ってください。

私がおすすめの油は、太白《たいはく》ごま油。精製されているので、ふつうのごま油のような匂《にお》いがなく、調理に使ってもいいし、いろいろな料理に入れて楽しめます。

おみそ汁やお吸い物、鍋物《なべもの》に、ちょっと入れると、甘みが出て、すごくおいしくなります。アップルジュースに入れて飲んでもおいしいですよ。

もちろん、肌や体のためにはビタミンも必要です。

ビタミンCは、コラーゲンをつくるのを助けて、お肌にハリと弾力を与えますし、メラニンができるのを抑える働きがあるので、不足すると、肌のつやや張りがなくなり、シミや小じわが増えます。ビタミンB類が不足すると、にきび・吹き出物ができたり、唇が荒れたりします。ホルモンの分泌をスムーズにするビタミンEが不足すると、血液の循環が悪くなり、老化が早まります。そして、肌のつややうるおいに欠かせないのがビタミンA。

こうやって書いていくと何一つおそろかにしていいものはなく、バランスよく食べることがつくづく大事だと思います。

野菜はできるだけ積極的に摂りたいけど、外食が続くと、つい野菜不足になりがち。そこで私が心がけているのは、一日一杯のにんじんジュース。人によっては、りんごやレモンを加えたり、ほかの野菜をいろいろ加えたりしているようだけど、毎日野菜を何種類も用意するのはちょっとたいへん。だから私は、とりあえずにんじんだけのジュースから始めることにしました。最初から高いハードルを越えようとすると、「できない」と思って、何もしないままでいる人も多いけど、できることからやればいいんです。全然やらないより、にんじんだけでも食べたほうが体のために絶対いい！

憧れの人に近づきたいと思ったときでも、すべてをすぐ真似《まね》することはできないでしょう？　でも、笑顔を真似るとか、挨拶の仕方を真似るとか、自分ができることから少しずつ始めれば、どんどんその人に近づいていきます。何もやらないのが、いちばんダメ！

さて、にんじんジュースですが、私は毎日一本のにんじんをジューサーにかけて、飲んでいます。これが甘くて、おいしいの。にんじんというと、独特の臭みがあるような印象があるけど、ジュースにすると、そんな臭みなどまったくなく、「これがにんじん!?」と、驚くくらいの甘さ。

ジュースを飲み始めて気づいたことだけど、体は新鮮な野菜を欲しています。時間がなくて飲めないときが二〜三日続くと、体が重たくなったような気がするのです。

時間がある人は、にんじんのほかに、いろいろ野菜を入れて、時間がない人はにんじんだけでもいいから、新鮮な野菜を体に取り入れてください。肌もつやつやになりますよ。

そのほか、私が食生活で気をつけていることと言えば、焼き鳥屋さんに行ったときは、皮や軟骨などコラーゲンたっぷりのものを摂るようにしていること。そして、体重が増えてきたら、玄米がゆでコントロールしていることぐらい。

私は、やせるためには、きちんと栄養を摂って、炭水化物の量を減らすことがいちばんだと考えています。油抜きダイエットをする人もいるけど、肌がカサカサになってしまう。適度な油は絶対体に必要なのです。炭水化物といえば、ごはんでしょう。ごはんの量を減らすには、おかゆにするのがいちばん。お茶碗《ちゃわん》半分くらいのごはんの量でも、おかゆにすると、三杯くらいは食べられるし、玄米にはビタミン類もたくさん含まれています。しかも、温かい。

温かいものを食べるのって、ダイエットではとても重要なことなのです。なぜかというと、体を温めるから。体が温まるということは、血液が体のすみずみにまで送られているということでしょう。つまり、それだけエネルギーが使われているわけだから、やせやすくなるのです。

私なりに食事に気を使っているつもりだけど、やっぱり食事だけで毎日必要な栄養をバランスよく摂るというのは、至難のワザ。野菜をたくさん食べても、昔の、太陽の光をいっぱいに浴びて育った野菜と違って、今の野菜は栄養価の面で、あまりよくないという説もあります。

日々の食事で不足しがちなもの、たくさん必要な栄養を補うために便利なのがサプリメントです。お酢と青汁、ミネラルをミックスした「青汁酢」、「若返りのビタミン」として人気のコエンザイムQ10、肌に弾力をもたらすコラーゲンのドリンク剤、そして、さまざまな栄養がバランスよく配合されたマルチサプリメントを毎日飲んでいます。

よく、ビタミン剤を飲んでいるから、野菜は食べないでも大丈夫などと考えている人がいるようですが、これは間違い。たとえば、にんじんはビタミンAの宝庫ですが、ビタミンAのほかに、さまざまな栄養が含まれています。その中には、まだ名前もつけられていない栄養素もあって、それらが微妙なバランスを取り合い、体の中で作用しているのです。サプリメントはあくまでふだんの栄養を補うもの。きちんと食事を摂りながら、サプリメントで補うことを心がけてください。

オイルパック&半身浴で、疲れた肌と体を癒す

今、私のいちばんのお気に入りタイムは、バスタイム。好きな入浴剤を入れ、本を五～六冊、用意するところから、私のバスタイムは始まります。

私は大の長風呂《ながぶろ》好き。ちょっとぬるめのお湯で、半身浴するのが大好きです。湯船の中に、お風呂で使う小さな椅子をしずめて座り、おへその上までつかるようにします。湯船のふたは半分閉めて、本を置く台に。ふつう、半身浴は三十分ほどと言われるけれど、私は出たり入ったりを何度も繰り返し、時間があればあるだけ、何時間でも入っています。途中、のどが渇いたときのために、水も忘れてはなりません。ときどき水を飲みながらつかっていると、驚くほど汗が出るのです。長時間半身浴をしていると、肩が冷えることが

あるので、そのときは肩に一枚タオルをかけておくと冷えません。

熱いお湯に肩までつかると、短い時間しか入っていられないから、体の表面しか温まりません。けれど、ぬるめのお湯で半身浴すれば、長く入っていられるから、体の芯《しん》から温まる。それにゆっくりお風呂に入っていると、気分までリラックスしてきます。

そうそう、半身浴する前に必ず行うのが、洗顔して、オイルをたっぷり塗ること。お風呂の蒸気と油分で、お風呂上がりの肌は、赤ちゃんの肌のように、プルプル柔らかくなります。

「ちょっと疲れて、カサついてきたな」というときも、オイルパックをやれば、即回復します。お風呂から上がるとき、石けんでオイルを洗い流してもいいけれど、お湯でさっと洗うくらいでも大丈夫。肌に必要なものなんですもの。しっかり洗う必要はありません。

ホテルなどは、室内が乾燥しているでしょう。そんなときも、オイルをたっぷり塗れば大丈夫。翌日もつやつや肌でお目覚めです。

ところで、今でこそ、こんなにお風呂好きの私ですが、以前はシャワー派でした。でも、冷え性を治すなら絶対湯船につかって体を温めたほうがいいんです。何でもあるお医者様によると、鬱になる人はシャワーだけですませて体が冷えている人が多いとか。ゆっくりお風呂に入るのは、肌のためにも、体のためにも、そして、精神的にもいいことばかり。

時間があるときは、ぜひ半身浴とオイルパックを試してくださいね。

必ず守ってほしいのは、湯上がりに体を冷やさないこと。とくに冷え性の人は、靴下をすぐはくようにしましょう。湯上がりのビールはおいしいものですが、体のことを考えたら、冷たい飲み物より、温かいお茶などのほうがおすすめです。

一日五分だけの運動だけど……

健康な体づくりには、あと一つ、運動も欠かせません。けれど、これがけっこうむずかしい。よくひと駅分歩きましょうなどと言われるけれど、地方では、とてもひと駅分なんて歩けません。いきおい、車に頼る生活になってしまって、毎日一万歩なんてとても無理。

でも、ある日、私の大好きな歌手であり女優でもある、ジェニファー・ロペスが毎日九十分のエクササイズを欠かさないと雑誌で読んで、猛反省。きれいは一日ではならず。私もできる範囲でエクササイズをやることにしました。全部自己流なんですけど、やっぱりやると違います。

まず腹筋を一日一〇〇回。仰向《あおむ》けに寝て、膝《ひざ》を立て、おなかに手を乗せます。その姿勢で肩甲骨《けんこうこつ》を床から持ち上げます。きつい腹筋は首を痛めるし、続かないので、そんなにがんばらなくていいです。これを三回ぐらいに分けて、一〇〇回やります。

腹筋のあとは背筋。床に四つんばいになったら、床に平行になるように右手と左足をまっすぐ伸ばし、その姿勢で一分。左右を替えて一分。思い切り伸ばせば伸ばすほど負荷がかかって、背中にきくし、お尻にもきく。床につけている腕で体重を支えるので、腕も引き締まるんです。

そして、もう一つは、膝曲げ。足を肩幅くらいに広げて、つま先で立ちます。そして、両腕を床と平行になるようにまっすぐ伸ばして、バランスをとりながら膝を曲げます。背筋を伸ばして、そのまま一分。けっこうききますよ。

どうですか？　全部こなしても五分ほど。続けることが大事だと思うので、とくにやる時間も決めていません。早起きしたときは朝やることもあるし、夜、テレビを見ながら腹筋したり、いろいろ。何日もさぼってしまうこともありますが、またぬげずに始めたり……。

これぐらいの運動で体のためになっているのかしらと思いますが、何もしないよりましと思って続けています。心なしかおなかがへこんで、腕や脚も引き締まったような……。

適度に体を動かして、新陳代謝をよくすることは肌のためにも大切だけど、体の老化を食い止めるにも、とても大事。動かさなければ、体はどんどん硬くなって、キシキシ音をたてるようになるんです。動かなくなってから、あわてても遅すぎます。

ここで紹介したのは、あくまでも「私がやっている体操」なので、それぞれ自分の体に合わせて動かせばいいと思います。公園のお散歩や早歩き、ラジオ体操だってＯＫ！　子供のころは苦もなくできたラジオ体操だけど、真面目にやればけっこうな運動量。運動不足の人は、ラジオ体操から始めてもいいかもしれません。

　大切なのは、自分なりの運動を見つけること。そして、たとえ三日坊主でも自分を責めないこと。お休みしても、また始めればいいんです。たまにやるだけでも全然違います。

Chapter4

ハッピー＆ラッキーを呼ぶファッション

キラキラアクセは必須アイテム

私たちの仲間は、みんな華やか。ネックレス、指輪、ピアス（イヤリング）、ブレスレットなどのアクセサリーを、だれもが身につけています。それも周りが驚くくらい大きくて、キラキラ光るものを。

この「光るアクセサリー」も、運をよくするには欠かせないアイテムなのです。

顔につやを出すのは、オーラを補うためと、Chapter 2で書きました。光るアクセサリーは、まさにオーラを補うために欠かせないもの。心が元気になれなくて、いつも友だちに「あ、いたの？　気がつかなかった」と言われるほど存在感の薄い人でも、ひとたび光るアクセサリーをつけると、キラキラとその人自身が輝いて見えます。

それに華やかなものを身につけていながら、暗い存在でいるというのはむずかしいもの。光るアクセサリーをつけていると、自然に気分も晴れやかになって、知らず知らずのうちに笑顔がこぼれてきます。だから、キラキラ光るものは、幸運を運ぶもの、魔よけにもなると言われています。

魔よけと言えば、私の知り合いが不思議な体験をしたそうです。

車を運転していたときのこと、何だかアクセサリーをはずしたくなって、ブレスレット、指輪、ネックレスと順番にはずしていったそうです。そうしてしばらく走っていたら、急に眠くなって、一瞬意識を失ったようになったとか。ハッと気づいたときは、トンネルの中で、目の前にトンネルの壁。あとわずかで衝突するところだったと言います。我に返った彼女は、アクセサリーを全部つけ直して無事家に。光るものは本当に自分を守ってくれているんだと実感したそうです。

キラキラ光るものは、きれいで、見ているだけでもうれしくなったり、幸せな気分になったりします。それなのに、つけたくなくなるというのは、その人の気持ちがよくない方向に向かっているのかもしれません。

「そういう華やかなものは、私には似合わない」と思っている人もいます。そういう人は、たいてい自分が好きじゃない人。だから、自分を粗末に扱って、きれいにしてあげようという気持ちになれないのです。

顔につやを出して輝かせるように、体にも光るものをつけて輝かせてあげましょう。それは自分を好きになるための、初めの一歩です。

光りもののいいところを、もう一つ。どんな服にも似合うことです。本当は服も華やかな色を着てほしいんだけど、それまで暗い色ばかり着ていた人が、ピンクを着るのは、なかなかむずかしいでしょう。だからまず光りもので自分を輝かせましょう。

最初は、自分でちょうどいいと思うのより少し大きめのものを

　とはいうものの、それまで光るものをまったく身につけていなかったら、抵抗がありますよね。わかります。

「十夢想家」をやっていたころ、私は毎日Tシャツにジーンズにエプロンという格好でした（冬はTシャツがトレーナーに）。アクセサリーと呼べるのは、耳元にだけ米粒くらいの小さなピアス。当時は、そういうおしゃれがカッコいいと思っていたのです。そんな私を見て、一人さんが言いました。

「はなゑちゃん、そんな小さなのじゃダメだよ。地味すぎる。もっと大きなものをつけなきゃ」

　そう言われて、自分ではかなり大きいと思うものを買ってきました。

「これは？」

　と一人さんに聞くと、

「ダメ、地味すぎる」

「じゃあ、これは？」

「まだまだ」

一人さんに「それでいい」と言われるまで、いくつアクセサリーを買い換えたでしょう。そんな私も今では指輪が一つじゃさみしくなるくらい。キラキラピカピカです。

でも、やっぱり最初から大きいものをつけるのはむずかしいと思います。だから、これから買う人は、自分がちょうどいいと思う大きさより、少しだけ大きめのものを買いましょう。指輪でもピアス（イヤリング）でも何でもいいけど、最初は自分が見ることができる指輪がいいかもしれません。それを毎日見ていると、目が慣れてくるんです。つけるのを忘れて家を出たときには、何だかさみしい気持ちになります。そうしたら、もう一回り大きなものを買ってみる。そのうち、私みたいに一つでは物足りなくなってきます。

だから、最初は本物を買わないでくださいね。今はイミテーションでも、キラキラ光るものがたくさんあります。本物のダイヤより輝いていると思えるものもあるくらい。せっかく本物を買っても、大きなものをつけたくなったら、本物の出番がなくなってしまう。それではあまりにももったいないでしょう。

私は本物偽物なんて関係なく、きれいだなと思うものをつければいいと思うけれど、どうしても本物にこだわりたい人は、最初は練習のつもりでイミテーションをつけてみましょう。「いつか本物を！」と思いつつ、少しずつ大きくしていきましょう。

きれいな色の服を着ましょう！

光るアクセサリーをつけたら、次は洋服です。

やっぱり洋服も、華やかな色がおすすめ。ピンク、オレンジ、白、クリーム色、若草色に水色……身の回りにはきれいな色がいっぱいあるのに、なぜ地味な色ばかり選んでしまうのでしょう。それは心のどこかで目立ちたくないと思っているからです。

でもね、ひっそりと隅っこにいるだけでは、だれにも気づいてもらえません。だれだって、暗い人より明るい人がそばにいたほうがうれしいでしょう。おしゃべりが苦手という人も、明るい笑顔で、明るい服を着ていれば、黙っていたって、「明るい人」と思われます。

オーラが輝いて明るい人は、黙ってニコニコしているだけでも、その場を華やかにする力を持っています。自分のオーラにそれだけの力がなければ、光るアクセサリーをつけて、明るい色の服を着ることです。

不思議なことに、暗い色を着ていると、気分まで暗くなるけれど、明るい色を着ると、気分まで明るくなるんです。馬子にも衣装というでしょう。着物を着ると、ふだんはやんちゃな人でも、おしとやかになったりします。着るものによって、自分の意識が変わるんです。だから、「暗い性格を何とかしたい」と思ったら、明るい色の服を着るのがいちばん。意識していなくても、自然に変わります。

明るいといっても、ショッキングピンクや真っ赤を着る必要はなくて、ピンクやブルー、クリーム色などのパステルカラーで、充分明るいイメージになります。パステルカラーもちょっと……というなら、白やボーダーを。私は白が大好き。着る人を選ばないし、光を反射する色だから、顔色を明るく見せてくれる効果もあるのです。

私は昔、カーキ色が大好きでした。黒も素敵ですよね。でも、こういう渋い色はセンスよくアクセサリーをつけるなどして、よっぽどカッコよく着こなさないとくすんで見えます。黒より白！　ぜひ試してみてください。

持っている服が黒ばっかり。一度にそろえ直すのはとても無理という人は、黒を着るときは、華やかな色のマフラーやスカーフをプラスしてください。それだけでも全然違います。そうやって顔のそばに明るい色を持ってくると、だんだん華やかな色に対する抵抗感がなくなるし、自分にはどんな色が似合うかわかってきます。「私はピンクよりオレンジが顔色がよく見えるな」とか。そうしたら、次はその色のシャツやセーターを。

実は私も一人さんに言われるまではモノトーンとか、ブラウンとか地味な色ばかり着ていました。そのほうがカッコいいと思っていたんです。でも一人さんに言われたからって、なかなか全身ピンクにはなれません。そこでタンクトップとか、インナーに着るものから華やかな色にしていったんです。そうしたら、「あら、こんな色も似合うんだわ」なんて発見もしたりして。いろいろな色を着るのが、だんだん楽しくなってきたのです。

会社を始めたころは、ピンクやレモンイエローのスーツとか着ていました。そうすると、「今日、社長はどんな色を着てくるだろう」って、スタッフの人も楽しみにしてくれるんです。それにクローゼットの中が華やかになるのも、とっても楽しい。

だから、みなさんもいろいろな色にチャレンジしてくださいね。おしゃれが楽しくなりますよ。

おしゃれは人のためにする

ところで、おしゃれって、だれのためにするものだと思いますか？　自分のため？　もちろん、それもあります。けれど、人のためでもあるんです。

私がまだ、小さいピアスがカッコいい、黒ずくめのほうが素敵と思っていたころ、一人さんに、こう言われたことがあります。

「はなゑちゃん、いいかい。おしゃれは周りの人を楽しませるためにするものなんだよ。

公園に行くよね。はなゑちゃんは、花と土と、どっちを見ていたい？」

それは花に決まっています。だから、一人さんにそう言いました。

「そうだよね。だれでもきれいな花を見たいんだよ。だから、自分が花になる。それがおしゃれというものなんだ。だから、アクセサリーは遠くから見ても、わかるくらい大きなものをつけなくちゃいけないし、華やかな色のものを着なくちゃいけないよ」

一人さんにそう言われてから、私も、まるかんのほかの社長たちも、お互いに会うたびに「今日は地味じゃない？」「今日は華やかだね」とチェックしながら、華やかに装う修行を続けています。確かに華やかにしていると、自分も楽しいけど、周りの人も喜んでくれます。

まるかんの社長の中で、ひときわ華やかなのが真由美社長です。こんなことがありました。真由美社長と神社にお参りにいこうということになったんです。そのとき、真由美社長が着てきたのが、真っ赤な大きなイチゴが、ドン、ドンとプリントされている服。派手だけど、底抜けに明るい真由美社長にぴったりでした。

その日、真由美社長は大人気。どこに行ってもご婦人たちに取り囲まれ、「いいわねえ、その服。私も着たいわ」と、行く先々で言われるのです。もちろん、そんなド派手なイチゴプリントがだれにでも似合うわけではありません。だけど、似合う人が着ていれば、こんなに周りの人を楽しくさせることができるんだと、つくづく思いました。真由美社長に比べれば、私なんかまだまだです。

おしゃれは人のため。だから、アクセサリーのつけ方にも、ちょっと注意が必要です。ハート型やリボン型の指輪は可愛くて、女の子に人気だけど、たいていの人が自分から見て、ハートに見えるようにつけるでしょう。それではダメ。相手から見たら、ハートやリボンがさかさまに見えてしまうもの。相手にちゃんとハートやリボンが正しい形に見えるようにつけてくださいね。そのほうが運勢がよくなります。

男性だって、つやと華やかさ！

スーツの色も限られているし、お化粧もできないし、男性が華やかにするのは、なかなかむずかしいですよね。だから、まず清潔さを心がけましょう。清潔でないと、仕事先でも女の人にも敬遠されてしまいます。毎日お風呂に入っている？　でも、髪の毛がグチャグチャだったりしたら、清潔には見えません。清潔に見せること、これがいちばん。

それに男性だって、光るアクセサリーをつけたり、明るい色の服を着ることは大事です。でも、仕事によっては、なかなか大きなものはつけられないことがありますよね。そんなときは、小さなものでもいいんです。襟元に光る小さなブローチをつけてみるとか、鞄《かばん》につけてみるとか。シャツをブルーやクリーム色にしてみるとか。会社の行き帰りだけアクセサリーをつけてもいいでしょう。クリスマスにはサンタ柄のネクタイや、靴屋さんなら靴の柄など、仕事に関係した楽しい柄のネクタイをしてもいいかもしれません。人を楽しませるのが目的なんだもの。楽しい、話題性のあるものをどこかに取り入れたら、背広がユニホームのお父さんだって、「おや?」と思われるはずです。

休みの日は思い切り派手に! ペンダントにネックレスなど、光りものをちょこっとつけてみたり。シャツだって、赤を着たり、ピンクを着たり、自由に楽しんでください。

「お父さん、趣味悪い」

なんて最初は言われるかもしれないけど、いつもジャージ姿でゴロゴロしているより、子供たちも絶対楽しいはず。

楽しい服装を心がけて運が開けた人もいます。

その人は、メーカーの技術職だったのですが、リストラされて医療機器の営業マンになっていました。だけど、それまで限られた人としか話をしてこなかったから、営業するといっても声が出ない。声が小さいというのは、営業職としては致命的です。

その人が、一人さんの講演を聞きに来て、まず顔につやを出しました。そして、シャツの色とネクタイを変えたそうです。

「それまではストライプ柄のネクタイばかりだったんですけど、果物の柄や乗り物、文房具など、とにかくみんながあまりしていない、変わった柄のネクタイを日替わりでしていきました。探せば、いろいろな柄があるんですね。そうしたら、それまで門前払いだったのが、『今日はどんな柄のネクタイなのか、楽しみにしてたよ』なんて言われるようになって……。『いつも楽しそうでいいね』とも言われるんです。確かに自分でも笑っていることが多くなりました。とくに理由はないんですけど、何だか楽しいんですよね」

その人は、今ではトップセールスを誇る腕利き営業マン。顔のつやと、服装で、ここまで変わるなんて、と言っていました。

男性も女性も、一度、華やかに装う楽しさを知ると、二度と地味な服装はできなくなります。トップセールスマンになったその人も、「もうふつうの柄のネクタイはできないな」と言います。なぜなら「地味な服を着てもみんなの反応はふつうだけど、華やかにしていると、みんなが喜んでくれるから」。

人を喜ばせる楽しさを知った人は、それだけで幸せ。さらなる幸せが、これから雪崩のごとく起きます！

Chapter5

天国言葉で
幸せを
つかむ

天国言葉と地獄言葉

私たちが一人さんから教わった「これをすると絶対に幸せになる、不幸になろうと思ってもなれない」幸せの法則というものがあります。それは「つやこの法則」。「つや」というのは、もう、おわかりですね。顔のつやです。「こ」というのは、言葉。いいことが立て続けに起こる「天国言葉」です。

「はなゑちゃん、言葉には〝言霊《ことだま》〟というパワーがあるんだよ。思ってなくてもいいから、天国言葉をいつも言っててごらん。そうすると、今度は本当に心から天国言葉を使いたくなることが起こるんだよ。反対に、嫌なことがどんどん起こる地獄言葉もある。これは絶対言っちゃいけないよ」

一人さんにそう言われて、渡された紙には、次のような言葉が書いてありました。

〈天国言葉〉

●ついてる

●うれしい・楽しい

●感謝してます
●幸せ
●ありがとう
●許します

〈地獄言葉〉
●ついてない
●不平不満
●グチ・泣き言
●悪口・文句
●心配ごと
●許せない

このほか、「大好き」「きれいだね」「おいしい」「ハッピー」「ラッキー」など、ポジティブな言葉はすべて天国言葉。反対に、「嫌い」「まずい」「嫌になっちゃう」「グズだなあ」など、否定的な言葉はすべて地獄言葉になります。

思い返してみれば、それまで私は天国言葉をあまり使っていませんでした。うまくいって当たり前と思っているから、予定どおり電車に乗れても何も思わないけど、乗り遅れると「ついてない」、傘を持っていないのに、雨に降られれば「ついてない」、レストランに行って店員の態度が悪ければ、「嫌なお店にはいっちゃったな」……、あげればキリがないくらい毎日は地獄言葉を使うチャンスに満ち満ちています。

逆に天国言葉というのは、意識していなければ、なかなか使うチャンスがありません（少なくとも、私はそうでした）。だって、急いでいるとき、空車のタクシーに素通りされれば、「えー、ちゃんと周りを見て走ってよね！」と、ついグチが言いたくなりますよね。こんなときでも、「よかった。もっといい運転手さんのタクシーに乗れるということだわ」なんて思わなくてはならないのですから。

地獄言葉をやめて、天国言葉だけで過ごそうと思うと、悩む場面もけっこうあります。たとえば、出張からスタッフが帰ってきたときなど、つい「お疲れ様」と迎えたくなってしまうけど、「待てよ。『疲れる』というのは地獄言葉だから、これはやめておいたほうがいいかな」なんて。

いろいろ考えたあげく、うちの会社では「ご機嫌様」と挨拶しています。可愛いでしょう。仕事が忙しいと、「疲れた〜。もう、イヤッ！」などと言ってしまいそうになりますが、そんなときも、「忙しくて、いい日だった」。

まるかんでは「頑張る」という言葉も、「顔晴る《がんば》」と言います。「頑張った」というと、すごく苦労したような感じがするけど、「顔晴った」というと、晴れ晴れして、満面の笑みを浮かべている顔を想像するでしょう。

不思議なことに、天国言葉を使う訓練をしていると、使いたくなるシーンがどんどん目に入ってくるのです。

「公園に花が咲いてる。きれい」とか、

「面白い形の雲を見つけちゃった。ラッキー」とか。

私の親にも天国言葉を教えたのですが、言っているうちに膝の痛みが消えたというのです。不思議でしょう。

あるご夫婦は、それまでけんかばかりしていたのに、天国言葉を使うようになったら、けんかがなくなり、どんどん幸せになったそうです。それはそうですよね。

「何で、あれをやっておいてくれなかったの！」

と、地獄言葉を使っていたところに、

「やっておいてくれたんだ。ありがとう」

と言うようになったら、仲良くなって当然です。

意地悪な先輩はあなたの人生を盛り上げてくれる脇役

人生は、自分が主役の映画を撮影しているようなものです。映画（でなくても、お芝居でも、何でも）が盛り上がるのは敵役《かたき》がいるから。意地悪な先輩、怒りっぽい上司……彼らは、あなたの映画を盛り上げてくれる敵役なのです。敵役が悪いやつであればあるほど、困難が多ければ多いほど映画は盛り上がります。

新しく配属された部署には嫌な人がいっぱい。それは神様があなたの作品を盛り上げるために用意した敵役なのです。「神様はこんなにも私の作品を盛り上げようとしてくれる」と思えば、ラッキーでこそあれ、運命をのろう理由は何もありません。「ついてる、ついてる」と、過ごしましょう。

転んで膝をすりむいたときは、「骨が折れてなくてよかった。ついてる」、お財布《さいふ》を落としてしまったときは、「命を落とさなくてよかった。ついてる」。このように考えているうちに、もっと大きなツキがあなたに転がり込み、どんどん幸せになっていきます。

感謝の言葉も忘れずに。高速道路の料金所のおじさんや、公園を掃除してくれる人に出会ったら、「ありがとうございます」、レストランで食事をして出ていくときは、「ごちそうさまでした。おいしかったです」。こんなふうに挨拶していると、相手も笑顔で挨拶を返してくれるようになり、それだけでうれしくなります。世の中はいい人でいっぱい、ハッピー、ハッピーという気分です。

それでも、人間ですもの、やっぱりグチを言いたいときもあります。無理して言わないでいるとイライラしてきたり、思わず地獄言葉を言ってしまって落ち込んだりもします。だから、たまにだったら、グチを言ってもいいんです。仲のいい友だちに「ちょっと言わせてね」と断って聞いてもらうとか。その代わり延々と言ってはダメ。聞いてもらったら、「嫌な話を聞かせてごめんね。それにしても、私たちって幸せよね」と、最後には天国言葉で厄《やく》落とし。いつもグチを聞かされていたら、嫌になってしまうけれど、たまにだったら友だちも許してくれるはず。

嫌なことは天からのサイン

ただ、同じようなトラブルを起こしているときは注意してください。人生では、その人が向上するために、いろいろなことが起こります。続けざまに同じようなトラブルが起こるときは、あなたに直したほうがいいところがあるサインなのです。

たとえば、いつも束縛したがる彼とつきあってしまうような人は、自分の中の何がそうさせてしまうのか考えること。「私って、本当に男運が悪い」と言っているだけでは、同じことを繰り返すだけです。

「十夢想家」をやっていたころ、よく来てくれていたカップルに、気になる一組がいました。男性がやたらと威張っている。「おまえみたいなのとつきあってやってるんだ」という話ばかりしているんです。気になって女の子の顔を見ると、可愛いの。「どうしてこんないばりんぼうの男とつきあってるの!?」と、他人事ながら不思議でした。女の子も彼が言うとおり、「私なんか」と思っていたんでしょうね。だから、男の子が調子にのっていたんでしょう。

こんないばりんぼうの男の子とばかりつきあってしまうのは、自分に自信がないからだと思います。いばりんぼうの男の子は、自分に自信を持ちなさいという天からのサインなのです。

だますより、だまされるほうがいいなんて考えもいけません。だまされなければ、だますほうも罪を作らなくてすみます。お金を置きっぱなしにしておいたら、盗《と》ったほうはもちろん悪いけれど、いかにも「盗ってくれ」と置いたほうも悪い。むしろ、置いた人が罪を作らせていると言えるのです。だから、悪いことが起こったら、それは天からのサイン。そのとき気づくことができれば、「ついていない」ことではなくて、実は「ついていること」なんです。それがわかったら、ほら、「ついていないこと」なんてないでしょう。
ついてる、ついてる、あなたは本当にラッキーなのです。

体の不調を消すおまじないは？

あなたがもし、体に不調を抱えているとしたら、人間関係がうまくいっているかどうか、見直してみましょう。自分や他人を許せないと体が硬直して、血液が滞ってしまい、病気になることがあるのです。

たとえば、頭痛など頭にトラブルがある人は、目上の人とうまくいっていない場合が多いようです。首が凝《こ》るなど、首にトラブルを抱える人は、同僚やきょうだいとの関係に問題が、腰痛など腰にトラブルを抱える人は、部下や子供など、目下の人との関係がうまくいっていないことが考えられます。アトピー性皮膚炎など、アレルギー症状に悩まされている人は、他人を許せないか、自分を許せない人に多いのです。

思い当たることがあったら、次のように声を出して言ってみましょう。

「自分を許します。◯◯さん（許せない人の名前）を許します」

どうしても言えない場合は、「〇〇さんを許せない自分を許します」でもかまいません。

こう言うと、硬直していた体が緩み、血液の流れがよくなって、体の調子が回復します。

「どこどこが悪い」という言い方もやめましょう。私は以前、クマがひどくて、貧血で、むくみがあって、生理痛もひどかったのですが、考えてみれば、きちんと体に必要なものを摂っていなかったからなのです。だから、どこか痛むところがあっても、「いつもありがとう。苦労をかけてごめんなさい。感謝してます」と、ねぎらうようにしましょう。「どこどこが悪い」「よく眠れない」「疲れやすい」など、体の不調を訴える言葉も、地獄言葉の一つ。地獄言葉ばかり言っていると、不幸がどんどん押し寄せてきます。貧乏神がつきやすい体になってしまうのです。

天国言葉でねぎらい、サプリメントの助けを借りながら、バランスのいい食生活を心がける……私がそうだったように、これだけで不調の大半は治ります。それでもダメだったら、病院へ。

本当にほしいものを手に入れるには行動しかありません。「赤い服がほしい」と言っているだけでは、赤い服は出てこないでしょう。「きれいになりたい」と思ったら、顔を洗って、「開運メイク」をしなければつややかできれいにはなりません。それと同じです。健康になりたいと思ったら、天国言葉を言う、食生活を改善する、サプリメントを飲む、病院へ行くなど行動に移さなければなりません。ただ言っているだけではグチと同じ。悪化することはあっても、改善することはありません。

あなたに、すべての良きことが、雪崩のごとく起きます！

もう一つ、大切な言葉をお教えしましょう。それは、

「あなたに、すべての良きことが、雪崩のごとく起きます！」

という言葉。

だれかに会ったら、必ずこの言葉を心の中で唱えるようにします。道ですれ違った人、電車で隣に座った人、いつもお弁当を買いに行くお店のおばさん……とにかく、会う人、会う人、知っている人だろうが、知らない人だろうが、関係なく、その人のために、この言葉を唱えるのです。

初めて一人さんから言われたときには驚きました。だって、自分が全然知らない人のために、こんなふうにお祈りするなんて、それまで考えてもいませんでしたから。そう言われてみれば、世の中、私一人で生きているわけではありません。お米を作っている人、機械を作っている人、いろいろな人のおかげで不自由なく暮らせているのですから、感謝し

て、当たり前です。

でもね、そんな理屈なんか必要ない。一日何十人もの人に、この言葉を唱えていると、心が豊かになってくるのです。もうそれだけで幸せな気分。ますます人相がよくなり、ますます顔につやが出て、いいことが次々に起こってきます。人の幸せを願うだけで、自分が幸せになるのです。

最初は気持ちがこもっていなくてもかまいません。ただ言っているだけでいいのです。そのうち、自分が幸せになったことを感じれば、自然に心がこもってきます。

できれば、自分が苦手な人、嫌いな人にも、心の中で唱えてみてください。不思議なことに、何日か続けていると、その人がそんなに嫌な人と思えなくなり、いいところが見えてくるようになります。

幸せになるのって、簡単なんです。あなたも今日から天国言葉と、この言葉を言ってみてください。どんどんハッピーになりますよ。

幸せな人の周りには、幸せな人が集まる

ということは、素敵な彼もできるということ？　もちろんです！

いつも、つやつやピカピカの幸せそうな顔をして、しかも「ありがとう」「感謝してます」「幸せです」と言っているような女の子は、だれだって好きになりますよね。グチをこぼしても、「大丈夫だよ」「それってラッキーだったんじゃない？」なんて、いつも励ましてくれたら、彼だって離したくないと思うのは当然のこと。

でも、もしあなたがそういう女の子だとして、いつも地獄言葉を言っているような男の子とつきあいたいと思いますか？　思わないでしょう。

そう！　つや肌、天国言葉を心がけていると、自然に天国言葉をたくさん言う、元気で明るい人を彼に選ぶようになるのです。

反対にグチを言う人は、グチを言い合う人同士、集まりますよね。人は、自分と似たオーラを出す人を呼び寄せるようになっているのです。

顔につやを出し、天国言葉を言うようになると、同じオーラを出している人と惹《ひ》き合うようになります。私はそんな人たちを何組も見てきました。

知り合いの女性もその一人です。

彼女のお母さんは三年前、ガンで亡くなり、そのショックで妹さんが引きこもりになってしまいました。お父さんも元気がありません。そんな状況の中で、彼女は結婚なんてできないと思うようになりました。お父さんや妹をおいて、家を出るなんて考えられませんでしたし、自分だけ幸せになるなんて、とてもできないと思っていたのです。たまに会社の帰りに友だちから食事に誘われても断って、会社と家を往復していた毎日でした。

こんな毎日では、知らず知らずのうちにストレスがたまって当然です。お父さんにも妹にも厳しく当たるようになっていき、彼女の家庭はますます暗くなっていきました。

ある日、一人さんの講演に出かけ、「つやこの法則」を知って、やってみることにしたのだそうです。顔につやを出し、天国言葉を言うようにしていると、まずお父さんとの関係が変わりました。お母さんが亡くなってから、あまり話をしないようになっていましたが、お父さんが「最近、やけに楽しそうだね」と話しかけてきたのをきっかけに、つやこの法則のことを話し、二人で毎日天国言葉を言い合っていたそうです。

すると、家の中で笑い声が起こるようになり、それにつられて、妹さんが部屋から出てくるようになりました。

職場での彼女も明るくなり、以前から憧れていた男性からデートに誘われるように。結婚の日取りも決まるなど、おめでたいことが目白押しになっていったのです。

「自分だけが幸せになってはいけない」と思っていると、だれも幸せにできないけれど、「自分が幸せになってもいい」と思えると、周りの人たちも自然に幸せになっていく……これを私たちは「幸せオーラの波及効果」と呼んでいます。逆もありますよ。「不幸オーラの波及効果」。だから、みんなのためにも、幸せになることは大事なのです。

本を読みましょう

「開運メイク」もした、光るアクセサリーをつけて、華やかな色の服も着るようになった、天国言葉も言えるようになった。次は中身です。

ふつうの言葉を天国言葉にするだけでもかなり頭を使うと書きましたが、そのためにはたくさん言葉を知っていなければなりません。

本を読みましょう。本は言葉を教えてくれるだけでなく、人の生き方、ものの考え方など、何でも教えてくれる宝箱のようなものです。「なぜ天国言葉を言うと、幸せになるの?」「なぜ生まれてきたことを感謝しなければいけないの?」などの疑問にも答えてくれます。

私がとくにおすすめしたいのは、司馬遼太郎さんの『新史太閤記』(新潮社)と、飯田史彦さんの『生きがいの創造』(PHP研究所)。

『新史太閤記』は、私が一人さんに最初に紹介された本です。豊臣秀吉の子供時代から、天下統一をしたころまでを描いた歴史小説ですが、ここに登場してくる秀吉はとにかく明るい。そして前向き。織田信長に仕えている間は、信長のために、それこそ命をかけて尽くします。

女の子には歴史小説が苦手という人が多いんだけど、この本を歴史小説ではなくて、幸せになるためのお手本、人から好かれるためのお手本として読んだら、すごく面白いと思います。この本に書かれている秀吉は、絶対人の悪口を言わない、何かもらったら、体を使って喜びを表現する、天真爛漫《らんまん》で、まるで太陽のような人。そして仕事は命がけ。すぐ真似できることがたくさん書かれています。

そして、もう一冊『生きがいの創造』は、人がなぜ生きているのか、その疑問に答えてくれる本です。ときどき「どうして、この家の子に生まれちゃったのか」と思うことって、ありますよね。でも、それはあなたが選んできたことなんです。生まれる前に、「こういう人生を送りたい」と計画して、トラブルもすべて計画書に書かれたもの。だから、乗り越えられないトラブルはないはずだし、自分が望んでそうしたことなんです。そんなことが、とてもわかりやすく書かれていて、読んだあとは人生観が変わります。

こういういい本は一度読んだからって、本棚にしまいっぱなしにしていないでくださいね。「ふーん、すごいな」と思っているうちは真似をすることができません。二回、三回と読んでいくうちに、脳は、「そうやるのが当たり前」と思うようになって、何度も読むうちに、自分でも同じことをやっていた気になります。ずっとそう考えていたような気持ちになります。そのとき初めて、その本に書かれていることが、自分のものになるのです。

一冊のお値段で何回も楽しめるなんて、お得でしょう。しかも、自分が幸せになる。この二冊はおすすめです。

私はたくさん本を読んでいるから、つやメイクも光るアクセサリーも必要ない？　そんなことはありません。中身が充実している人ならなおのこと、外見を光らせなければ、もったいない。外見が地味で、隅っこにひっそりしていては、中身が充実しているかどうか周りの人はわかりません。中身にふさわしく、キラキラ輝いた外見にしてください。笑顔と天国言葉も忘れずにね。

人は、幸せになる義務がある

人には幸せになる義務があります。幸せになる「権利」ではありません。幸せになるのは、この世に生まれてきた者の「義務」なのです。

どうしてもそんな気になれないという人がいます。私の知り合いにも何人もいました。別れた相手が自殺してしまった。口論のあと、家族が死んでしまった。仕事中、車の事故で相手を死なせてしまった。

どちらのケースも、自分を責める気持ちはよくわかります。自分だけ幸せになんかなれないという気持ちにもなるでしょう。

でもね、幸せになるのは「義務」なのです。

だって責任を感じて、その人が暗い顔をしていても死んだ人は生き返りません。それどころか、「自分のせいだ」と暗く沈んでいると、周りの人まで苦しめてしまいます。つらくても、苦しくても、それを抱えながら、生きていかなければならない。それに、その人が自分を責めていると、亡くなった方も成仏できにくいのだそうです。

こんな人にも、こんな人だからなお、私は「開運メイク」や、天国言葉をすすめたいと思います。あなたが輝いていると周りは幸せになります。あなたから天国言葉を聞くと、豊かな気持ちになります。初めはつらくても、いつか本当の幸せをつかんでほしいと思います。

あなたは今、幸せですか？

ずーっと幸せになる方法のことをお話ししてきましたが、幸せって、どんなことでしょう？

お金があること？
健康であること？
愛する人がいること？
どれも、あれば幸せのようですが、こういうものがなくても幸せなのです。何もなくても幸せ。生きているだけで、ただただ幸せ。これが本当の幸せなんじゃないかと思います。

私は今、とってもとっても幸せです。他人からもよく、「一点の曇りもないほど幸せそうだね」と言われます。太陽の光を浴びるだけで幸せで、雨の音を聞いているのも幸せ。今日はこんな人と話した、明日はどんな人と会えるだろう、と思うだけで幸せなのです。

では、私にだけ特別に幸せなことが起こっているかといったら、私の日常は、みなさんの日常とたいして変わらないと思います。

前にも書きましたが、私は自分が大好き。ちょっとぐらい人から悪口を言われても、「本当の私を知らないんだわ」と思って、聞き流してしまいます。けれど、不幸な人は、そんなささいなことに、いちいち傷ついてしまうのです。

こうならないためには、幸せバリアを厚くしておくといいのです。そうすれば、少しくらい嫌なことがあっても、このバリアがはね返してくれます。バリアが薄いと、ちょっとしたことで傷つき、自信をなくして、自分を嫌いになってしまうのです。

バリアを厚くする方法は、自分を好きになること、自分に自信を持つことです。それには「開運メイク」をするのが、いちばんの早道。そして、「自分を許します。自分が大好きです」と大声で言えれば、それだけでバリアの厚みはぐんと増します。

私たちの魂は、ダイヤモンドのように輝き、決して傷ついたりしません。「傷ついた」と思うのは、「我《が》」やほこりがついて、ちょっと魂が曇ってしまったせい。魂を磨いて磨いて、もっともっと自分が光り輝くことが、私たちの生きる目的であり、幸せです。

幸せな気分を、みなさんに心の底から味わってもらうこと、それが私の天から与えられた使命だと、勝手に大真面目に思っています。

もっともっときれいになりましょう、もっともっと幸せになりましょう。そのために私たちは生まれてきたんですから。

銀座まるかんの商品等に関する
お問い合わせ

[銀座まるかんフリーダイヤル]

☎0120－497－285

http://www.dokan.co.jp/

[舛岡はなゑ事務所]

〒980－0021

宮城県仙台市青葉区中央４－２－27　510ビル１階

銀座まるかん

☎022－216－0051

http://www.kirakira-tsuyakohanae.info/

ヘア＆メイク■舛岡はなゑ

著者衣装■早田鉄也

撮影■善本喜一郎（KiPSY）

モデル■三浦絵美

〈著者略歴〉

舛岡はなゑ（ますおか　はなえ）

東京都江戸川区生まれ。実業家。斎藤一人《さいとうひとり》さんの弟子の一人。病院の臨床検査技師を経て、喫茶店「十夢想家《トムソーヤ》」を開く。この店は、斎藤さんと九人の弟子が出会った伝説の喫茶店として知られ、「銀座まるかん」の原点の一つとされている。

たまたま来店した斎藤さんから、「精神的な成功法則」と「実践的な成功法則」の両方を学び、女性実業家として大成功を収める。

東京都江戸川区の長者番付の常連。

ハッピースピリチュアル・メイクアップアドバイザーとして、「開運メイク」のセミナーや講演などで活躍している。

著書に『斎藤一人15分間ハッピーラッキー』（三笠書房）、『ハッピーラッキー魔法のメイク』（マキノ出版）がある。

ハッピーラッキー
開運つやメイクと魔法の習慣

2007年8月3日　第1版第1刷発行

著者　舛岡はなゑ
発行者　江口克彦
発行所　PHP研究所
東京本部　〒102-8331　千代田区三番町3番地10
文芸出版部　☎03-3239-6256（編集）
普及一部　☎03-3239-6233（販売）
京都本部　〒601-8411　京都市南区西九条北ノ内町11
PHP INTERFACE　http://www.php.co.jp/
制作協力
組版　PHPエディターズ・グループ
印刷所
製本所　図書印刷株式会社

ISBN978-4-569-69294-4

PHPの本

お金持ちになる女、なれない女の常識

佳川奈未 著

「お金と何かを比べない」「お気に入りの財布を持つ」など、心がけひとつでお金がなだれ込んでくる、金運体質レディーになれる本！

定価一、二六〇円
（本体一、二〇〇円）
税五％